Doris Engel

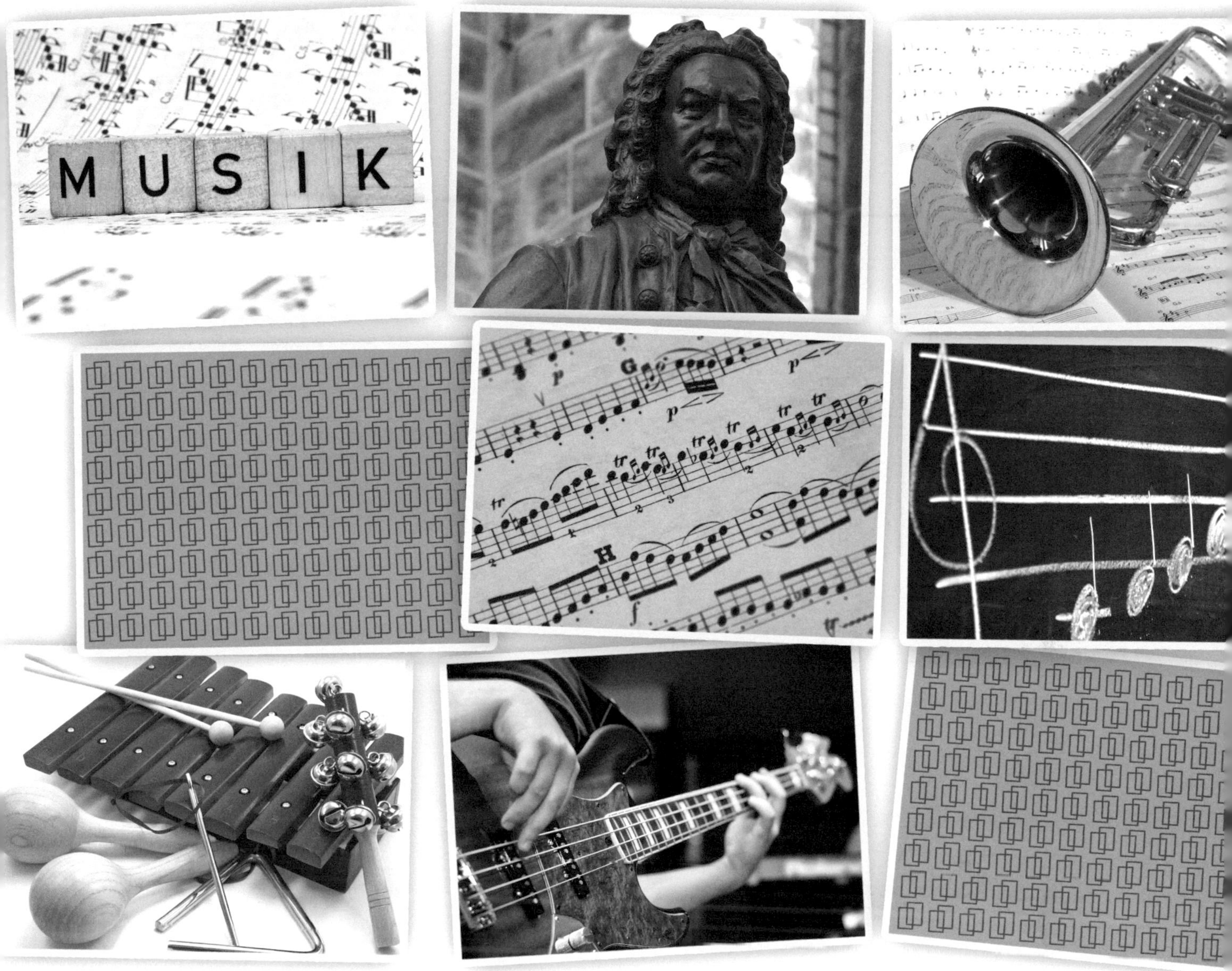

Spiele zur Unterrichtsgestaltung

Musik

Verlag an der Ruhr

Impressum

Titel
Spiele zur Unterrichtsgestaltung – Musik

Autorin
Doris Engel

Layout
ideenreich, Mülheim an der Ruhr

Titelbildmotive
Fotolia.com: Scrabble © photocrew | Skulptur © AnitaE | Trompete © Calado | Noten © textdatei | Tafel © seeyou – c. steps | Instrumente © Elena Schweitzer | Bassguitarre © Roman Gorielov

Kapitelmotive
Einzelthemen S. 6-58: Noten © M Schuppich – Fotolia.com
Jahrgangsübergreifende Themen S. 59- 84: Musik © Marius Hasnik – Fotolia.com

Druck
Media Print Informationstechnologie GmbH, Paderborn, DE

Verlag an der Ruhr
Mülheim an der Ruhr
www.verlagruhr.de

Geeignet für die Klassen 5–13

Unser Beitrag zum Umweltschutz
Wir sind seit 2008 ein ÖKOPROFIT®-Betrieb und setzen uns damit aktiv für den Umweltschutz ein. Das ÖKOPROFIT®-Projekt unterstützt Betriebe dabei, die Umwelt durch nachhaltiges Wirtschaften zu entlasten. Unsere Produkte sind grundsätzlich auf chlorfrei gebleichtes und nach Umweltschutzstandards zertifiziertes Papier gedruckt.

ISBN 978-3-8346-2329-4

Inhaltsverzeichnis

Widmung

Ich widme dieses Buch von ganzem Herzen meinem lieben Ehemann Christian, der mein Leben jeden Tag aufs Neue bereichert.

Außerdem widme ich es allen Menschen, die gerne spielen und rätseln.

Vorwort

Warum brauchen wir Spiele zur Unterrichtsgestaltung?
Steht Spielen nicht im Kontrast zum „Turboabitur" nach zwölf Jahren oder zu den Abschlussprüfungen am Ende der Sekundarstufe I? Kann Spielen überhaupt mit den Anforderungen von Lernstandserhebungen und Zentralabitur vereinbart werden?
Meiner Meinung nach können Spielen und Unterricht miteinander verbunden werden – und nicht nur das, sie müssen es sogar.

Schüler* sind Menschen und keine Lernmaschinen. Sie können nicht nach einer mathematischen Gleichung X-Stunden pro Tag lernen, damit sie Y-Wissen erlangen. Sie sind Menschen mit Gefühlen, mit guter und schlechter Laune, mit guten und schlechten Tagen und daher auch mit einem stets unterschiedlichen, individuellen Lerntempo.
Doch das Lerntempo und die Lernintensität verändern sich, wenn sie mit Spaß bei der Sache sind. Spaß gibt Energie und Kraft. Spaß motiviert. Spaß ist der Motor zum Lernen. Und wenn ein Unterrichtsthema bei den Schülern doch keine Begeisterung hervorruft, kann die Freude trotzdem wieder in den Unterricht gelangen: über Spiele! Meine Erfahrung zeigt: Der Erfolg eines positiven, fröhlichen und angstfreien Klassenklimas, in dem Lernen und Leistungen erbringen Spaß machen, gibt dem Spielen im Unterricht Recht.
Das Motto lautet: **Spielend lernen!**

Also lernen wir von Mary Poppins, die weiß, dass mit einem Löffelchen voll Zucker jede Arbeit leichter und schneller geht. Und wer sich zu alt oder zu klug zum Spielen fühlt, der muss die Worte einfach etwas abändern und wieder **Spielen lernen** – so wie die Prinzessin Lise-Lotta in Astrid Lindgrens Märchenwelt das Spielen vom kleinen Mädchen Maja und ihrer Puppe Pia erlernt.

Spielen macht Spaß, motiviert und erleichtert das Lernen. Aber Spielen kann noch mehr: **Spielen fördert** die Kreativität, weckt das Denken jenseits starrer Grenzen und Barrieren und hilft beim Entwickeln eigener Ideen. Spielen baut Fach-, Methoden-, Sozial- und Selbstkompetenzen auf und aus. Und genau das brauchen Schüler für ihre Zukunft. Für die Zukunft der Musik, der Kultur und der Gesellschaft in Deutschland, in Europa und in der Welt.

Die folgenden kreativen Wissens-, Denk- und Lernspiele sind zur benutzerfreundlichen Übersicht in **zwei Bereiche** unterteilt. Es gibt spezielle Themen (z.B. Notenschrift, Mozarts „Die Zauberflöte" und Schuberts „Die Winterreise") und jahrgangsübergreifende Themen (z.B. Quiz, Tabu und Scharade).
In beiden Kategorien sind die Spiele nach Altersgruppen von jung bis alt geordnet.

Ich wünsche Ihnen viel Spaß beim Spielen und Rätseln!
Doris Engel

* Aus Gründen der besseren Lesbarkeit haben wir in diesem Buch durchgehend die männliche Form verwendet. Natürlich sind damit auch immer Frauen und Mädchen gemeint, also Lehrerinnen, Schülerinnen etc.

Detektiv Sonnenschlau und die Notengeheimschrift

Lehrerinfo

Thema: Notenschrift im Violinschlüssel

Ziel: Festigung und Vertiefung der Notenschriftkenntnisse im Violinschlüssel

Alter: 10–12 Jahre

Dauer: ca. 25 Minuten

Teilnehmer: ganze Klasse (in Kleingruppen-, Partner- und Einzelarbeit möglich)

Material: Detektiv Sonnenschlau und die Notengeheimschrift (KV)

Beschreibung

Die Schüler bekommen einen zeitlichen Rahmen (ca. 15 Minuten) vorgegeben, um die Notengeheimschrift in den Handybotschaften zu entschlüsseln. Nach Ablauf der vorgegebenen Zeit wird die Enträtselung der Notengeheimschrift im Plenum besprochen. Zur Visualisierung können Sie die Lösung auf Folie kopieren und an die Wand projizieren.

Varianten

- Die Schüler verfassen selbstständig Botschaften in Notengeheimschrift und tauschen sie untereinander aus.
- Die Schüler entwickeln weitere Spiele zur Notengeheimschrift, z.B. zum Erraten von Abkürzungen.
- Bei diesem Spiel ist gleichzeitig die Wiederholung der Notenwerte möglich, da in der Notengeheimschrift der Kopiervorlage verschiedene Notenwerte verwendet worden sind.

Reflexion

Diskutieren Sie im Anschluss mit der Klasse folgende Fragen:

- War das Entziffern der Notengeheimschrift für euch einfach oder schwierig? (mögliche Probleme reflektieren)
- Fandet ihr es hilfreich, die Notenschrift auf spielerische Art zu vertiefen? (eine neue Lernform reflektieren)
- Fallen euch weitere Übungsmöglichkeiten für die Notenschrift ein? (gemeinsam neue Lernformen entwickeln und Kreativität fördern)

Detektiv Sonnenschlau und die Notengeheimschrift

Kopiervorlage 1/2

Detektiv Sonnenschlau ist einer Diebesbande auf der Spur, die mit Hilfe von Notengeheimschrift verschlüsselte Nachrichten versendet. Leider kann Sonnenschlau keine Noten lesen.

- Entziffere die Notengeheimschrift auf den Botschaften, und hilf dem Detektiv bei der Lösung des Falls!

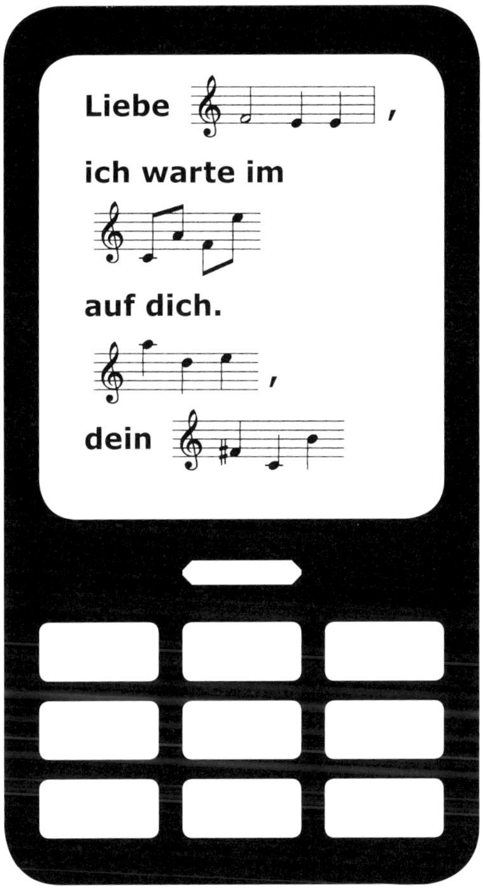

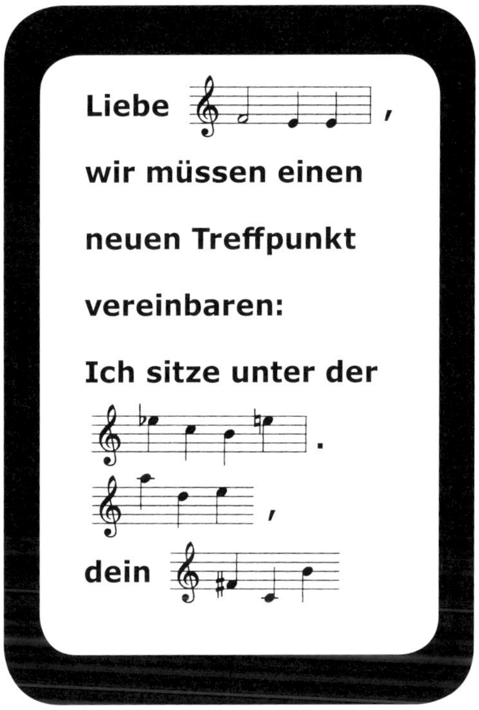

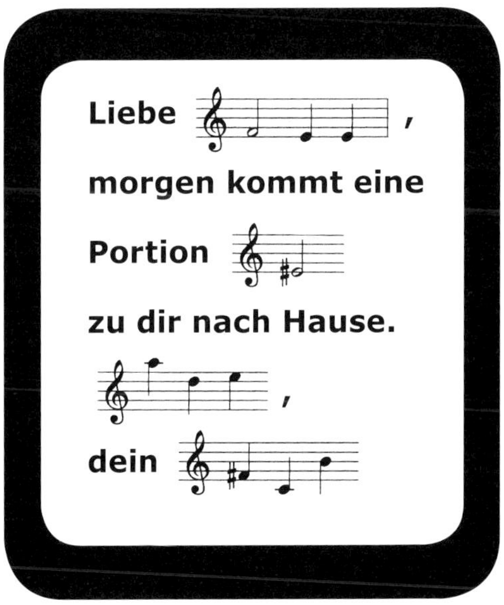

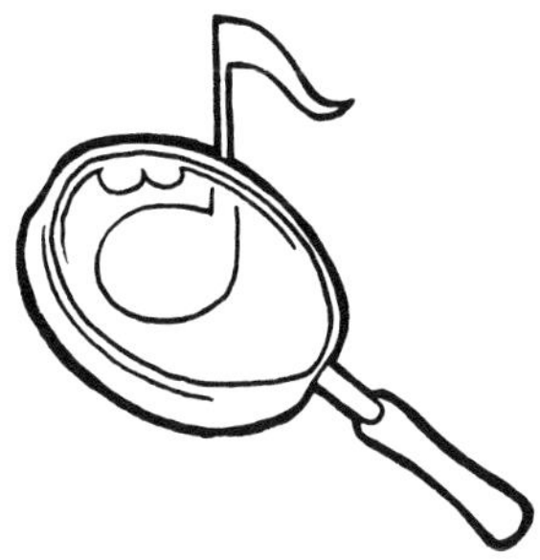

Detektiv Sonnenschlau und die Notengeheimschrift

Kopiervorlage 2/2

Liebe 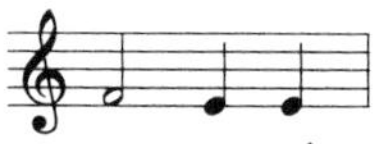 ,
kaufe dir eine 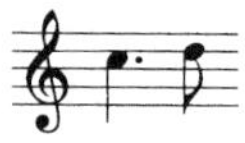 .
Darin findest du
weitere Hinweise.
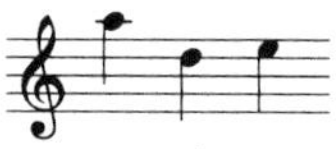 ,
dein 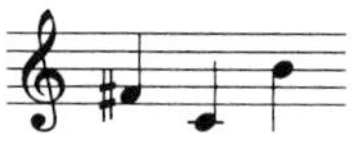

Liebe 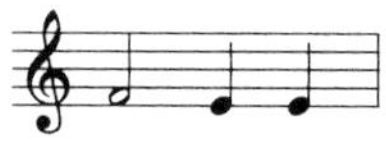 ,
steige morgen auf
das 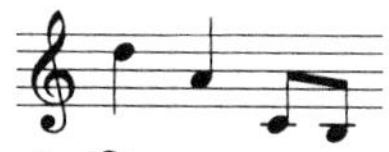 .
Ein 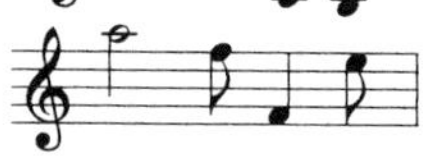
wird zu dir kommen
und dir ein Paket
bringen.
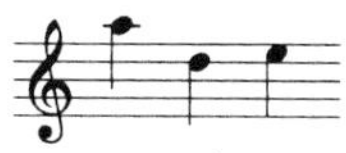 ,
dein 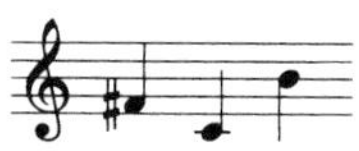

Liebe 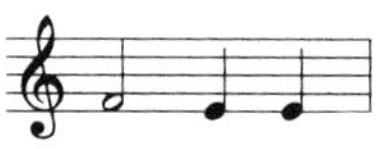 ,
wir können uns
nicht mehr treffen.
Ich muss zum
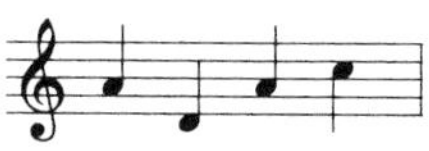 .
Ich habe kein Auto
mehr.
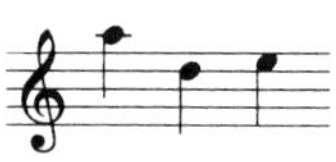 ,
dein 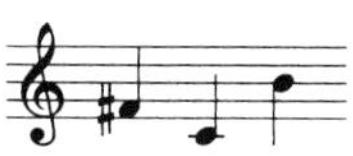

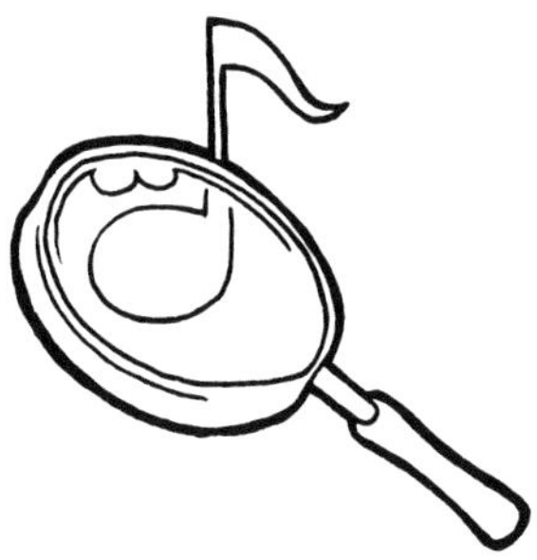

- Welche beiden Komplizen unterhalten sich miteinander?

  ____________________ und ____________________.

- Von welchem besonderen Baum ist einmal die Rede?

  ____.

- Wer besucht den Adressaten der Nachrichten, um ihm ein Paket zu bringen?

  ____.

- Wo befindet sich der Absender der Nachrichten zum aktuellen Zeitpunkt?

  ____.

Detektiv Sonnenschlau und die Notengeheimschrift

Lösung

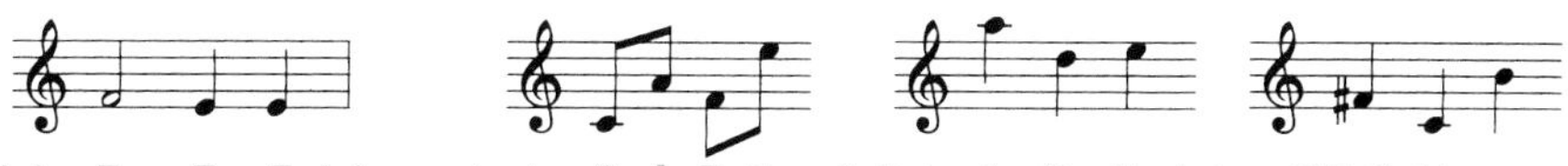

Liebe **F E E**, ich warte im **C A F E** auf dich. **A D E**, dein **FIS C H**.

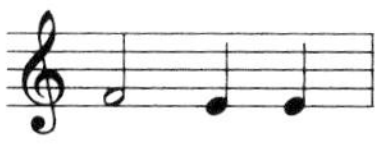

Liebe **F E E**, wir müssen einen neuen Treffpunkt vereinbaren:

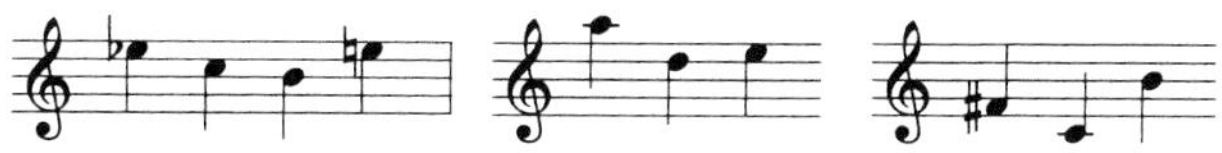

Ich sitze unter der **ES C H E**. **A D E**, dein **FIS C H**.

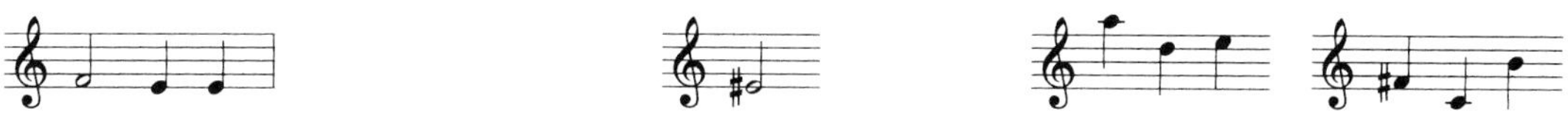

Liebe **F E E**, morgen kommt eine Portion **EIS** zu dir nach Hause. **A D E**, dein **FIS C H**.

Liebe **F E E**, kaufe dir eine **C D**. Darin findest du weitere Hinweise. **A D E**, dein **FIS C H**.

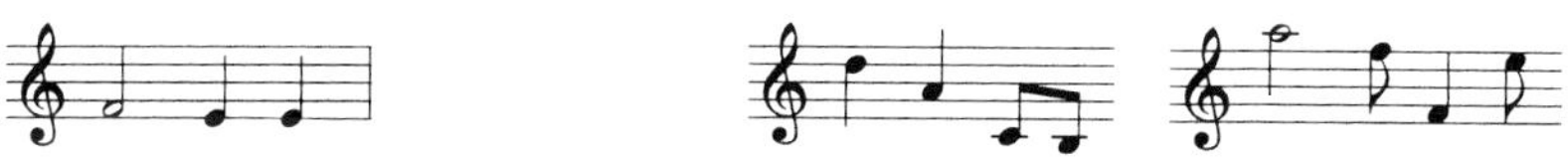

Liebe **F E E**, steige morgen auf das **D A C H**. Ein **A F F E** wird zu dir kommen

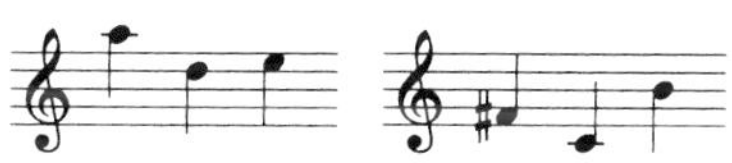

und dir ein Paket bringen. **A D E**, dein **FIS C H**.

Liebe **F E E**, wir können uns nicht mehr treffen. Ich muss zum **A D A C**.

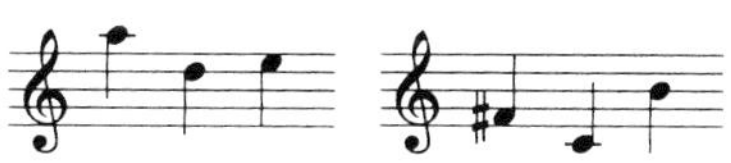

Ich habe kein Auto mehr. **A D E**, dein **FIS C H**.

- Welche beiden Komplizen unterhalten sich miteinander? **Fee und Fisch**
- Von welchem besonderen Baum ist einmal die Rede? **Esche**
- Wer besucht den Adressaten der Nachrichten, um ihm ein Paket zu bringen? **Affe**
- Wo befindet sich der Absender der Nachrichten zum aktuellen Zeitpunkt? **Beim ADAC**

Sudoku mit Blasinstrumenten

Lehrerinfo

Thema: Blasinstrumente (Instrumentenkunde)

Ziel: Festigung und Vertiefung der Kenntnisse im Bereich Blasinstrumente

Alter: 10–12 Jahre

Dauer: ca. 30 Minuten

Teilnehmer: ganze Klasse (in Partner- und Einzelarbeit möglich)

Material: Sudoku mit Blasinstrumenten (KV)

Beschreibung

Die Schüler lösen die beiden Sudokus alleine oder zu zweit. Dabei füllen sie die leeren Felder so aus, dass in jeder Zeile und jeder Spalte sowie in jedem Unterquadrat die neun Blasinstrumente Fagott, Flöte, Horn, Klarinette, Oboe, Posaune, Saxophon, Trompete und Tuba genau einmal vorkommen.
Zur Visualisierung können Sie die Lösungen auf Folie kopieren und projizieren.

Varianten

- Geben Sie den Schülern einen zeitlichen Rahmen (ca. 20 Minuten) vor, um die Sudokus zu lösen. Der Schüler oder das Team, der oder das als Erstes fertig ist, gewinnt.
- Mit den Sudokus kann zusätzlich die Unterscheidung von Holz- und Blechblasinstrumenten wiederholt werden.
- Um die Kreativität zu fördern, können Sie den Schülern die Möglichkeit geben, ein Blasinstrument ihrer Wahl zu zeichnen. Damit kann zusätzlich der Aufbau von Blasinstrumenten wiederholt werden.
- Das Spiel kann mit Hörbeispielen zu den einzelnen Instrumenten ergänzt werden.

Reflexion

Diskutieren Sie im Anschluss mit der Klasse folgende Fragen:

- Fandet ihr es hilfreich, das Thema Blasinstrumente auf spielerische Art zu wiederholen? (eine neue Lernform reflektieren)
- Welche Geschichten oder Situationen lassen sich mit Blasinstrumenten darstellen? (Klang und Wirkung reflektieren)
- Warum gefällt dir der Klang des von dir gezeichneten Blasinstruments am besten? Überzeuge deine Mitschüler von deiner Meinung. (das Vertreten der eigenen Meinung und die Achtung der Meinung anderer üben)
- Fallen euch weitere Spiele zur Wiederholung und Vertiefung des Themas Blasinstrumente ein? (gemeinsam neue Lernformen entwickeln und Kreativität fördern)

Sudoku mit Blasinstrumenten

Kopiervorlage 1/2

Das japanische Zahlenspiel „Sudoku" kannst du auch mit Blasinstrumenten an Stelle von Zahlen spielen.

➧ **Fülle die leeren Felder so aus, dass in jeder Zeile und jeder Spalte sowie in jedem Unterquadrat (3x3 Kästchen) die folgenden neun Blasinstrumente genau einmal vorkommen.**

Fagott **(Fg)**

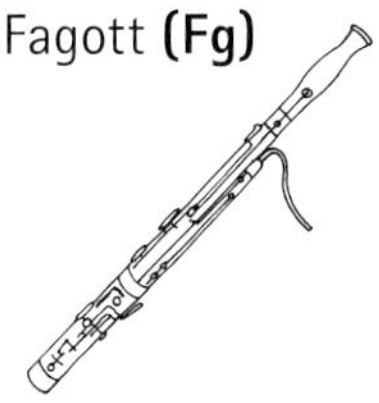

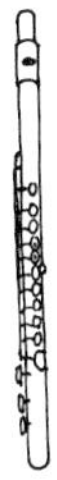

Flöte **(Fl)**

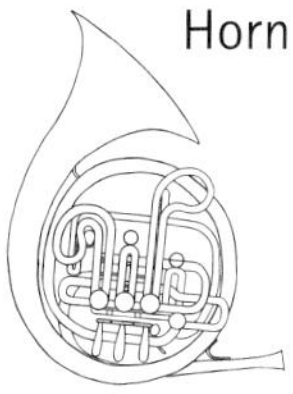

Horn **(Hrn)**

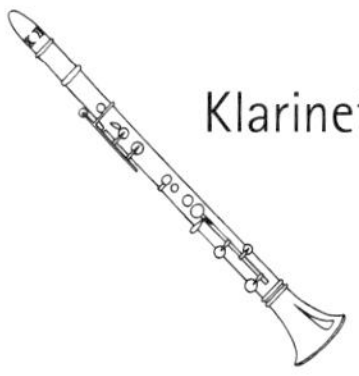

Klarinette **(Kl)**

Oboe **(Ob)**

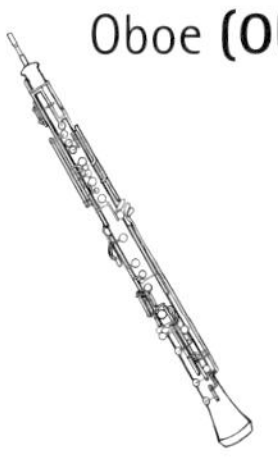

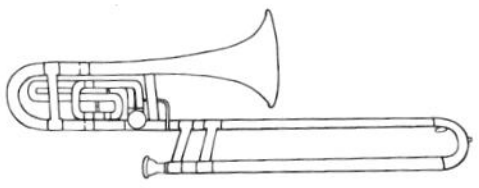

Posaune **(Pos)**

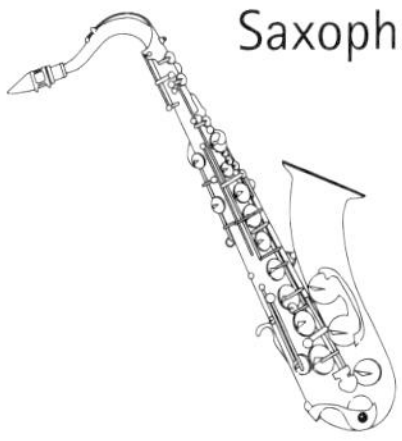

Saxophon **(Sax)**

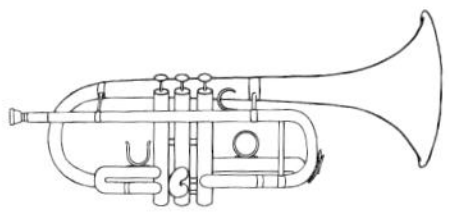

Trompete **(Trp)**

Tuba **(Tb)**

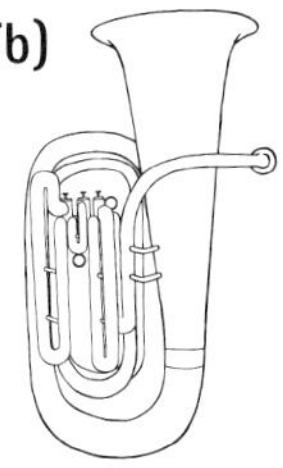

Schwierigkeitsgrad: Einfach

Hrn	Pos			Ob				Fg
		Trp		Hrn				Fl
		Kl			Pos	Ob	Sax	
		Hrn	Fl	Pos	Tb			
Pos	Tb		Ob		Kl		Trp	Sax
			Hrn	Sax	Trp	Tb		
	Sax	Tb	Fg			Pos		
Trp				Kl		Fl		
Fg				Tb			Ob	Kl

Sudoku mit Blasinstrumenten

Kopiervorlage 2/2

Schwierigkeitsgrad: Mittel

Trp			Fl		Fg		Kl	
		Kl	Hrn					Pos
Fg	Sax				Kl		Ob	
	Fg		Ob				Trp	
Kl				Pos				Fg
	Hrn		Sax				Tb	
	Ob		Trp				Fg	Sax
Sax					Pos	Tb		
		Tb	Fg		Ob			Trp

Zusatzaufgabe

- Markiere die Holzblas- und die Blechblasinstrumente in den Sudokus mit unterschiedlichen Farben.

Platz für Kreativität

- Zeichne das Blasinstrument, dessen Klang dir am besten gefällt.

Sudoku mit Blasinstrumenten

Lösung

Schwierigkeitsgrad: Einfach

Hrn	Pos	Sax	Kl	Ob	Fl	Trp	Tb	Fg
Tb	Ob	Trp	Sax	Hrn	Fg	Kl	Pos	Fl
Fl	Fg	Kl	Tb	Trp	Pos	Ob	Sax	Hrn
Sax	Trp	Hrn	Fl	Pos	Tb	Fg	Kl	Ob
Pos	Tb	FL	Ob	Fg	Kl	Hrn	Trp	Sax
Ob	Kl	Fg	Hrn	Sax	Trp	Tb	Fl	Pos
KL	Sax	Tb	Fg	Fl	Ob	Pos	Hrn	Trp
Trp	Hrn	Ob	Pos	Kl	Sax	Fl	Fg	Tb
Fg	Fl	Pos	Trp	Tb	Hrn	Sax	Ob	Kl

Schwierigkeitsgrad: Mittel

Trp	Pos	Hrn	Fl	Ob	Fg	Sax	Kl	Tb
Ob	Tb	Kl	Hrn	Trp	Sax	Fg	Fl	Pos
Fg	Sax	Fl	Pos	Tb	Kl	Trp	Ob	Hrn
Tb	Fg	Sax	Ob	Kl	Hrn	Pos	Trp	Fl
Kl	Fl	Ob	Tb	Pos	Trp	Hrn	Sax	Fg
Pos	Hrn	Trp	Sax	Fg	Fl	Ob	Tb	Kl
Fl	Ob	Pos	Trp	Hrn	Tb	Kl	Fg	Sax
Sax	Trp	Fg	Kl	Fl	Pos	Tb	Hrn	Ob
Hrn	Kl	Tb	Fg	Sax	Ob	Fl	Pos	Trp

Noten-Pärchenspiel

Lehrerinfo

Thema:	Notenschrift im Violin- und Bassschlüssel	**Alter:**	10–12 Jahre
Ziel:	Festigung und Vertiefung der Notenschriftkenntnisse im Violin- und Bassschlüssel	**Dauer:**	ca. 20 Minuten
		Teilnehmer:	ganze Klasse (in Gruppen- und Partnerarbeit möglich)
		Material:	Pärchenspiel-Karten (KV)

Beschreibung

Jede Schülergruppe erhält einen Satz der ausgeschnittenen (und ggf. auf Pappe aufgeklebten) Pärchenspiel-Karten (Kopiervorlage), den sie nach den bekannten Regeln des Kinderspiels Memory® mit der Schrift- und Bildseite nach unten auslegen. Ein Spieler der Gruppe deckt nun zwei Karten auf und dreht sie, wenn sie nicht zusammenpassen, wieder mit der Schrift- und Bildseite nach unten um. Das geschieht so lange, bis ein Spieler zwei Karten aufdeckt, die zusammenpassen. Er behält das entdeckte Paar und darf nochmal zwei Karten aufdecken. Gespielt wird so lange, bis alle Karten aufgedeckt sind. Der Spieler, der die meisten Paare gesammelt hat, gewinnt.

Varianten

- Wenn ein Schüler ein Paar gefunden hat, gewinnt er durch das Vorspielen der aufgedeckten Note an einem Instrument seiner Wahl einen Zusatzpunkt.
- Die Schüler erstellen selbstständig Pärchenspiel-Karten zur Notenschrift im Violin- und Bassschlüssel.

Reflexion

Diskutieren Sie im Anschluss mit der Klasse folgende Fragen:

- War das Notenlesen für euch einfach oder schwierig?
  Gab es Unterschiede zwischen dem Notenlesen im Violin- und Bassschlüssel?
  (mögliche Probleme reflektieren)
- Fandet ihr es hilfreich, die Notenschrift auf spielerische Art zu vertiefen?
  (eine neue Lernform reflektieren)
- Fallen euch weitere Übungsmöglichkeiten für die Notenschrift ein?
  (gemeinsam neue Lernformen entwickeln und Kreativität fördern)

Noten-Pärchenspiel

Kopiervorlage 1/4

d’	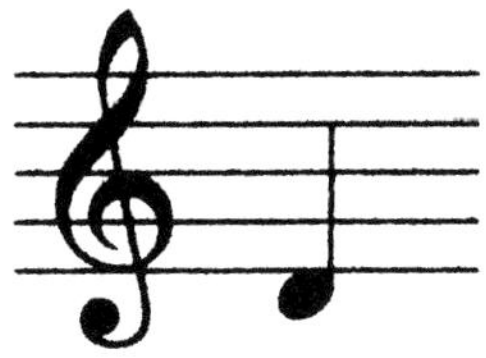
g’	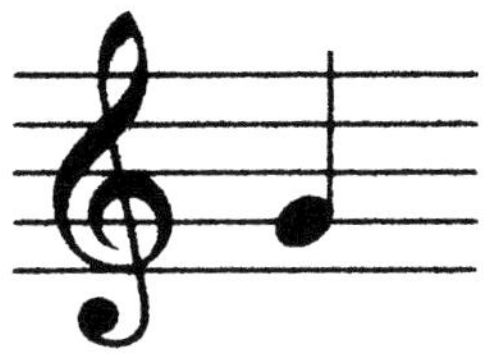
h’	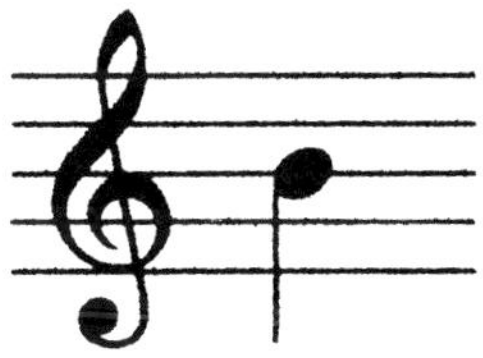
c’’	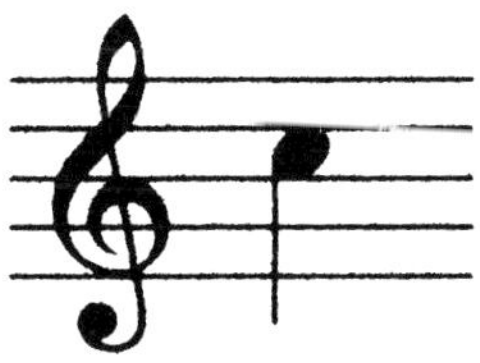
c’’’	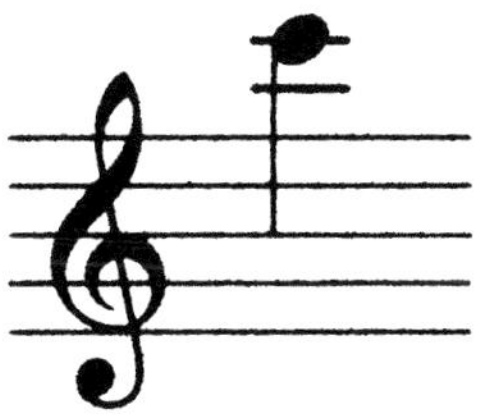

Noten-Pärchenspiel

Kopiervorlage 2/4

es’	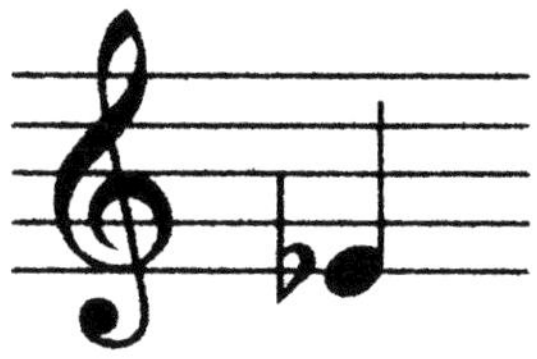
ais’	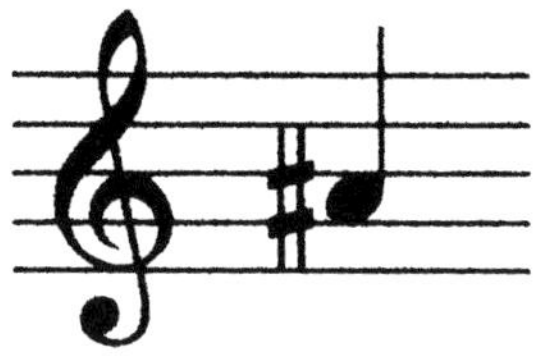
fis’’	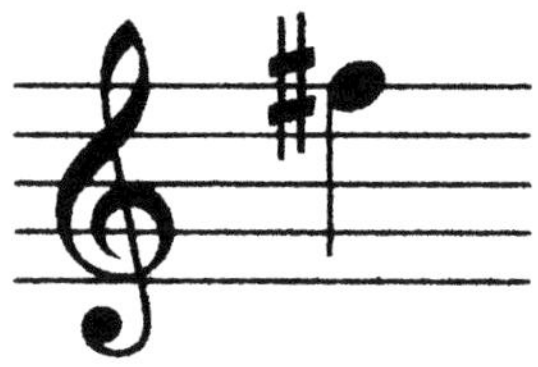
as’’	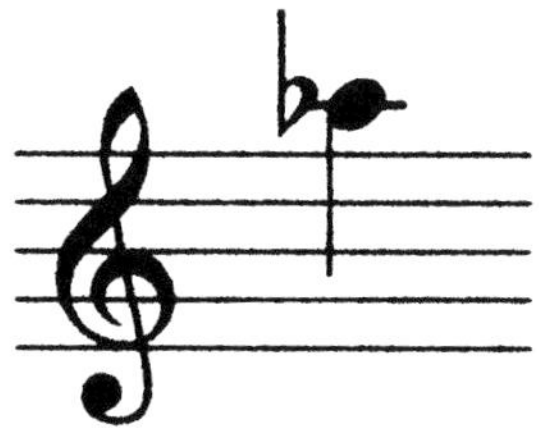
b’’	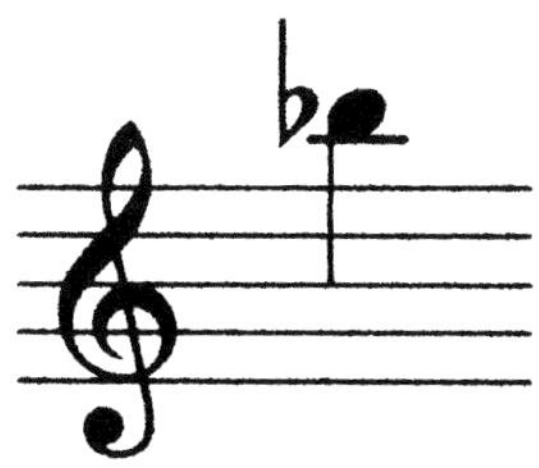

D	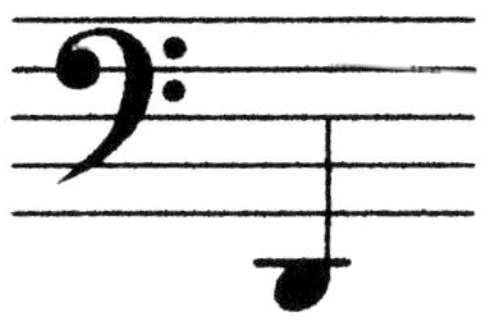
A	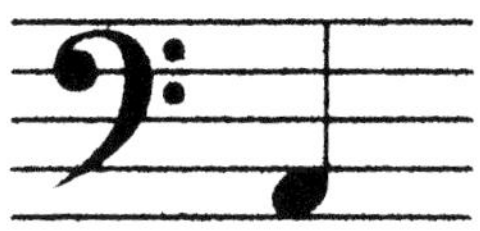
c	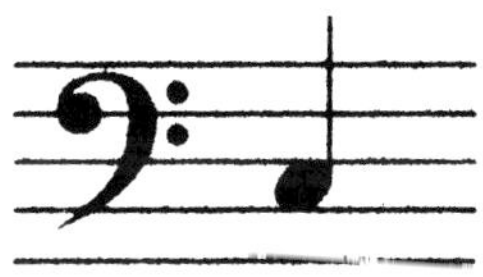
f	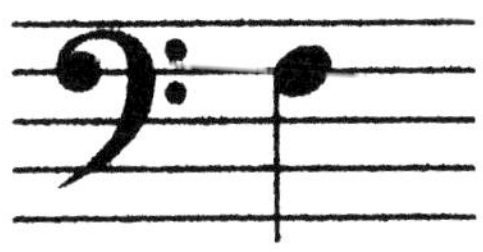
g	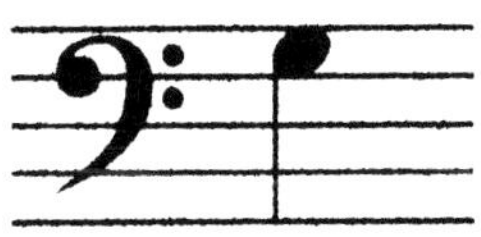

Noten-Pärchenspiel

Kopiervorlage 4/4

Cis	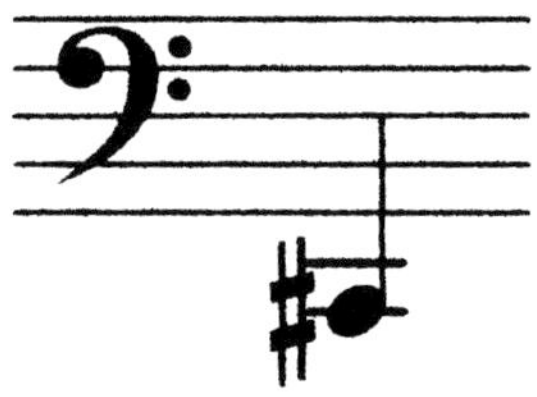
His	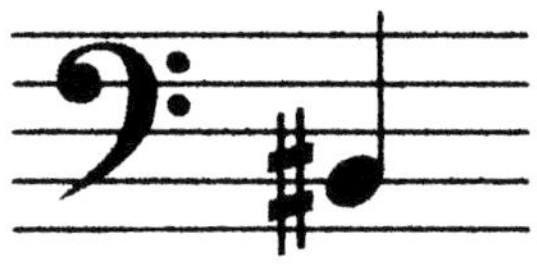
des	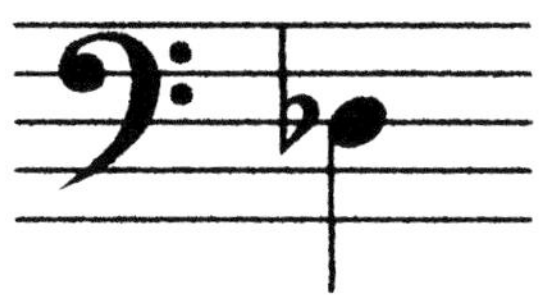
eis	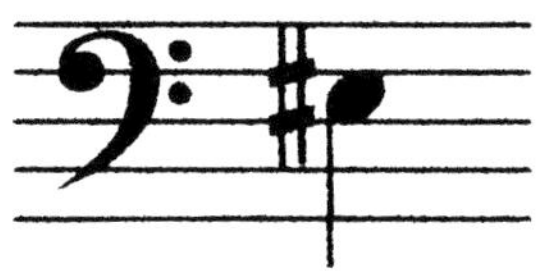
ges	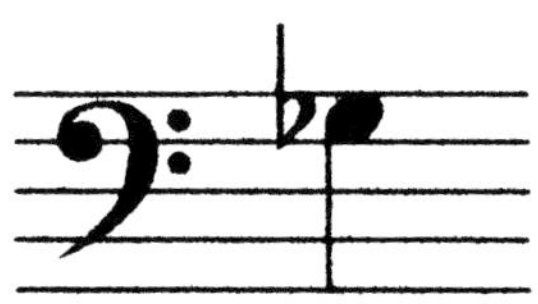

© Verlag an der Ruhr | Autorin: Doris Engel | ISBN 978-3-8346-2329-4 | www.verlagruhr.de

Hör gut zu – musikalische Vortragsbezeichnungen

Lehrerinfo

Thema:	Musikalische Vortragsbezeichnungen	**Alter:**	10–13 Jahre
Ziel:	Verknüpfung von theoretischen und praktischen Musikkenntnissen, insbesondere von Kenntnissen musikalischer Vortragsbezeichnungen	**Dauer:**	ca. 45 Minuten
		Teilnehmer:	ganze Klasse in Gruppenarbeit
		Material:	Karten mit musikalischen Vortragsbezeichnungen und Schauspielrollen (KV)

Beschreibung

Schneiden Sie die Karten mit den Dynamik-, Tempo- und Ausdrucksbezeichnungen aus, mischen Sie sie, und legen Sie sie auf drei getrennte Stapel. Geben Sie in der Einführungsphase allen Schülern im Plenum einen neutralen Satz – z.B. „Heute ist es warm" – zum Sprechen vor. Anschließend zieht ein Schüler eine Karte vom Dynamikstapel. Die Schüler sprechen erneut den Satz, allerdings diesmal mit der auf der Karte angegebenen Dynamik. Wenn das gut funktioniert, ziehen die Schüler auch Karten vom Tempo- und vom Ausdrucksstapel und kombinieren diese miteinander. So klingt der ursprünglich relativ neutrale Satz („Heute ist es warm") ganz unterschiedlich. Nach der gemeinsamen Einführung üben die Schüler selbstständig in Gruppen.

Als Erweiterung des Spiels können sich die Schüler kurze Szenen ausdenken, in denen mehrere verschiedene Ausdrucksbezeichnungen, Tempi und Lautstärken vorkommen.

Um ihnen die Entwicklung einer solchen Szene zu erleichtern, zieht jeder Schüler eine Schauspielkarte und weiß nun, in welcher Rolle er sprechen muss. So entstehen in der Gruppe schnell lustige Dialoge.

Bei der Präsentation der szenischen Ergebnisse passen die zuschauenden und zuhörenden Schüler ganz genau auf und versuchen, herauszuhören, welche Dynamik- und Tempoangaben und welche Ausdrucksbezeichnungen die darstellende Gruppe verwendet hat.

Varianten

- Je nach Lerngruppe kann das gesamte Spiel lehrerzentriert im Plenum stattfinden.
- Übertragen Sie „Hör gut zu" auf das Spielen einer einfachen Melodie am Instrument. Die Tonfolge wird dann entsprechend der Vortragsbezeichnungen gespielt.

Reflexion

Diskutieren Sie im Anschluss mit der Klasse folgende Fragen:

- War das Sprechen der musikalischen Vortragsbezeichnungen für euch einfach oder schwierig? (mögliche Probleme reflektieren)
- War das Hören der musikalischen Vortragsbezeichnungen für euch einfach oder schwierig? (mögliche Probleme reflektieren)

Hör gut zu – musikalische Vortragsbezeichnungen

Kopiervorlage 1/2

Dynamik

PIANISSIMO (PP)	PIANO (P)	MEZZOFORTE (MF)
FORTE (F)	CRESCENDO <	DECRESCENDO >

Tempo

LENTO	ADAGIO	ALLEGRO
PRESTO	RITARDANDO	ACCELERANDO

Ausdrucksbezeichnung

CON DOLORE	DOLCE	MAESTOSO
FURIOSO	SCHERZANDO	TRANQUILLO

Hör gut zu – musikalische Vortragsbezeichnungen

Kopiervorlage 2/2

Baby	Großmutter	Großvater
Bäcker	Koch	Kellner
Dirigent	Tänzer	Sänger
Fotograf	Model	Frisör
Pirat	Vampir	Indianer
Feuerwehrmann	Polizist	Schornsteinfeger
Gärtner	Sportler	Pilot
Detektiv	Eisverkäufer	Maler
Bauchredner	Reporter	Werbetexter
Arzt	Pastor	Lehrer
Wahrsager	Richter	Bauer
Briefträger	Reiseführer	Juwelier
Florist	Kapitän	Web-Designer
Schriftsteller	Dolmetscher	Clown
Zauberer	Chemiker	Bademeister

© Verlag an der Ruhr | Autorin: Doris Engel | ISBN 978-3-8346-2329-4 | www.verlagruhr.de

Muntermacher-Rätsel für zwischendurch

Lehrerinfo

Thema: Leichte musikalische Fachbegriffe

Ziel: Festigung und Vertiefung von den Kenntnissen leichter musikalischer Fachbegriffe, den Kenntnissen der Notenschrift im Violinschlüssel sowie dem Wissen aus dem Bereich der Instrumentenkunde

Alter: 10–12 Jahre

Dauer: ca. 10–15 Minuten

Teilnehmer: ganze Klasse (in Kleingruppen-, Partner- und Einzelarbeit möglich)

Material: Muntermacher-Rätsel für Zwischendurch (KV)

Beschreibung

Die Schüler lösen die Muntermacher-Rätsel alleine, zu zweit oder in Kleingruppen und besprechen die Ergebnisse anschließend im Plenum. Zur Visualisierung können Sie die Lösung auf Folie kopieren und den Schülern zeigen.

Variante

Die Schüler verfassen eigene kleine Musikrätsel, die sie untereinander austauschen.

Reflexion

Diskutieren Sie im Anschluss mit der Klasse folgende Fragen:

- War das Lösen der Muntermacher-Rätsel für euch einfach oder schwierig? (mögliche Probleme reflektieren)
- Fallen euch weitere Spiele oder Rätsel zur Wiederholung und Vertiefung eurer bisherigen Musikkenntnisse ein? (gemeinsam neue Lernformen entwickeln und Kreativität fördern)

Muntermacher-Rätsel für zwischendurch

Kopiervorlage 1/2

1. Lückenraten

- Welches Wort passt vor oder hinter das gesuchte Wort, sodass sich zusammen gelesen ein neues, verlängertes Wort ergibt? Trage das fehlende Ergänzungswort ein.
  Beachte: ä = ä, ö = ö, ü = ü.

a) _ _ _ _ _ _ -

-kopf | -hals | -linie

b) Viertel- | Achtel- | Sechzehntel-

- _ _ _ _ _ _

c) _ _ _ -

-schritt | -sprung | -leiter

d) Violin- | Alt- | Bass-

- _ _ _ _ _ _ _ _ _ _ _

e) _ _ _ _ _ _ -

-holz | -schale | -farbe

f) Block- | Pan- | Quer-

- _ _ _ _ _ _

g) _ _ _ _ _ -

-strich | -angabe | -wechsel

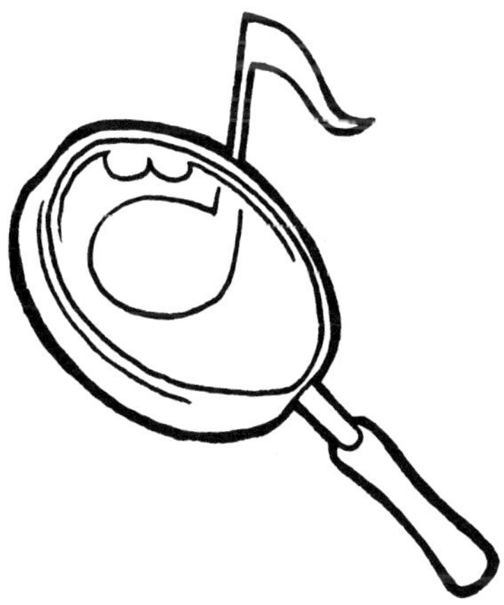

2. Notengeheimschrift

- Ergänze den folgenden Satz.

Fritz freut sich, denn er verbringt gerade ...

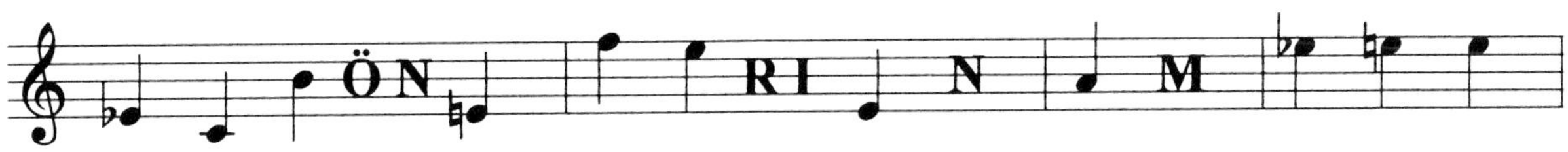

© Verlag an der Ruhr | Autorin: Doris Engel | Lupe: Magnus Siemens | ISBN 978-3-8346-2329-4 | www.verlagruhr.de

Muntermacher-Rätsel für zwischendurch

Kopiervorlage 2/2

3. Kammrätsel

▸ Wenn du die Wörter richtig einträgst, ergibt sich das Lösungswort in den umrandeten Kästchen.

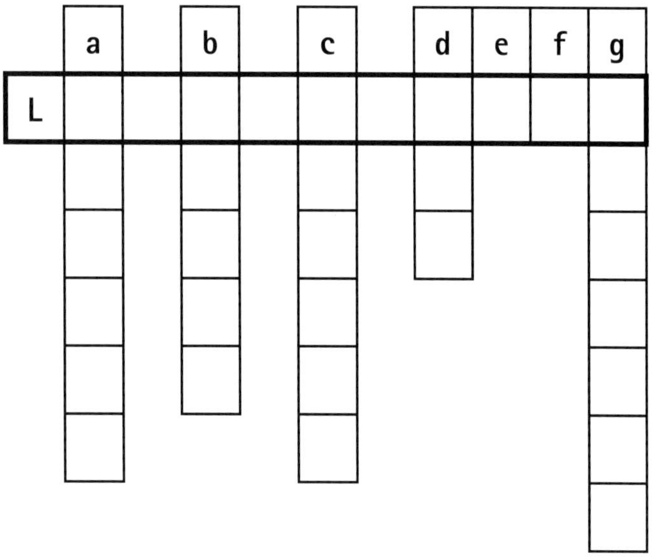

a) So nennt man jemanden, der alleine singt oder alleine ein Instrument spielt.

b) Ein Zupfinstrument.

c) Ein Sprichwort: Aller ... ist schwer.

d) Ein in der Türkei bekanntes Zupfinstrument. **Achtung:** Du musst das Wort rückwärts schreiben.

e) / f) In der Musik unterscheidet man manchmal zwischen ernster Musik (e) und Unterhaltungsmusik (f). Gesucht werden die beiden Abkürzungen.

g) Ein Zupfinstrument, das es in einer akustischen und elektrischen Version gibt.

Lösung: Ein Instrument, das mehrere Schlaginstrumente in sich vereint.

4. Rebus

▸ Wie heißen diese drei italienischen Komponisten? Löse die Bilderrätsel!

a)

4

ohne 3 und 4

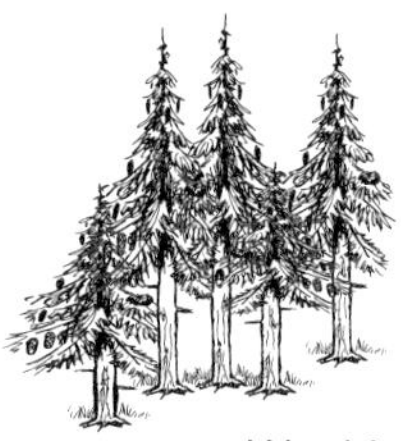

W = V

+ j

Ich heiße Antonio _ _ _ _ _ _ _.

b)

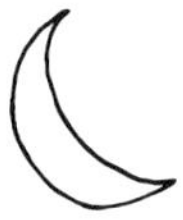

4 = t

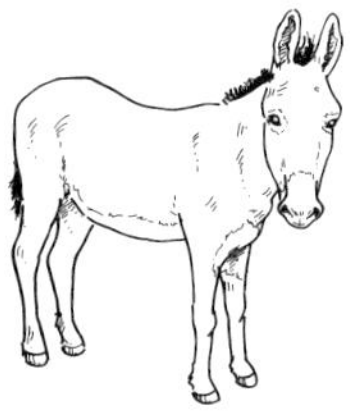

2 = V, 4 = R

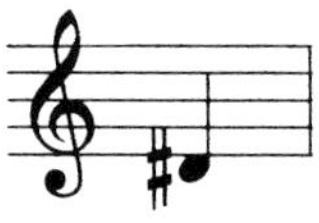

ohne 3

Ich heiße Claudio _ _ _ _ _ _ _ _ _ _.

c)

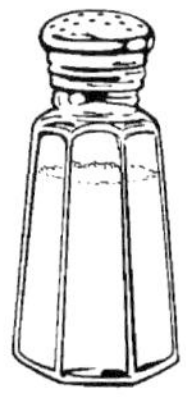

ohne 4

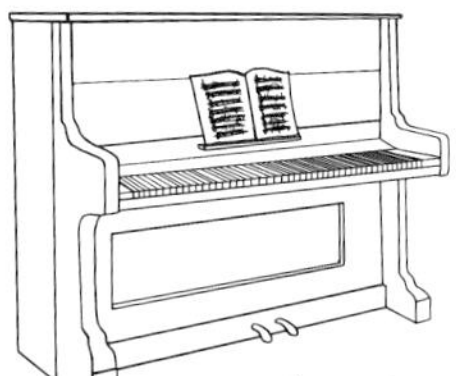

ohne 1–4

+ j

Ich heiße Antonio _ _ _ _ _ _ _.

1. Lückenraten

- Welches Wort passt vor oder hinter das gesuchte Wort, sodass sich zusammen gelesen ein neues, verlängertes Wort ergibt? Trage das fehlende Ergänzungswort ein.

a) Noten b) Pause c) Ton
d) Schlüssel e) Klang f) Flöte
g) Takt

2. Notengeheimschrift

- Ergänze den folgenden Satz.

Fritz freut sich, denn er verbringt gerade
schöne Ferien am See.

3. Kammrätsel

- Wenn du die Wörter richtig einträgst, ergibt sich das Lösungswort in den umrandeten Kästchen.

a) Solist b) Harfe c) Anfang
d) Saz e) E f) U
g) Gitarre
Lösungswort: Schlagzeug

4. Rebus

- Wie heißen diese drei italienischen Komponisten? Löse die Bilderrätsel!

a) Ich heiße Antonio **Vivaldi.**
b) Ich heiße Claudio **Monteverdi.**
c) Ich heiße Antonio **Salieri.**

© Verlag an der Ruhr | Autorin: Doris Engel | ISBN 978-3-8346-2329-4 | www.verlagruhr.de

Rätselzauber

Lehrerinfo

Thema:	„Die Zauberflöte" (W. A. Mozart)	**Alter:**	10–14 Jahre
Ziel:	Festigung und Vertiefung der Kenntnisse zu „Die Zauberflöte"	**Dauer:**	ca. 30 Minuten
		Teilnehmer:	ganze Klasse (in Kleingruppen-, Partner- und Einzelarbeit möglich)
		Material:	Rätselzauber (KV)

Beschreibung

Die Schüler bekommen einen zeitlichen Rahmen (ca. 20 Minuten) vorgegeben, um das Rätsel zu lösen. Eine erste Selbstkontrolle können sie mit Hilfe des Lösungssatzes durchführen. Nach Ablauf der vorgegebenen Zeit wird die Lösung des Rätsels im Plenum besprochen, wobei das Rätsel zur Visualisierung auf Folie kopiert und projiziert werden kann.

Variante

Die Schüler entwickeln eigene Kreuzworträtsel zu „Die Zauberflöte" und tauschen sie untereinander aus.

Reflexion

Diskutieren Sie im Anschluss mit der Klasse folgende Fragen:

- Hattet ihr Schwierigkeiten mit den Fragen?
  (mögliche Verständnisschwierigkeiten reflektieren)
- Fandet ihr es hilfreich, die Inhalte von Mozarts „Die Zauberflöte" auf spielerische Art zu wiederholen?
  (eine neue Lernform reflektieren)
- Wie beurteilt ihr den Streit um den Sonnenkreis als Symbol der Macht? Welche Person aus „Die Zauberflöte" hat eurer Meinung nach das Recht, den Sonnenkreis zu besitzen?
  (vertiefende Reflexion des Machtgefüges und der Personenkonstellation im Singspiel sowie Förderung der Urteilsfähigkeit)

- Löse das Rätsel der sagenumwobenen Zauberflöte! Wenn du mit den Lösungsbuchstaben den Satz vervollständigst, ergibt sich das besondere Material der Flöte.
  Beachte dabei: ä = ä, ö = ö, ü = ü.

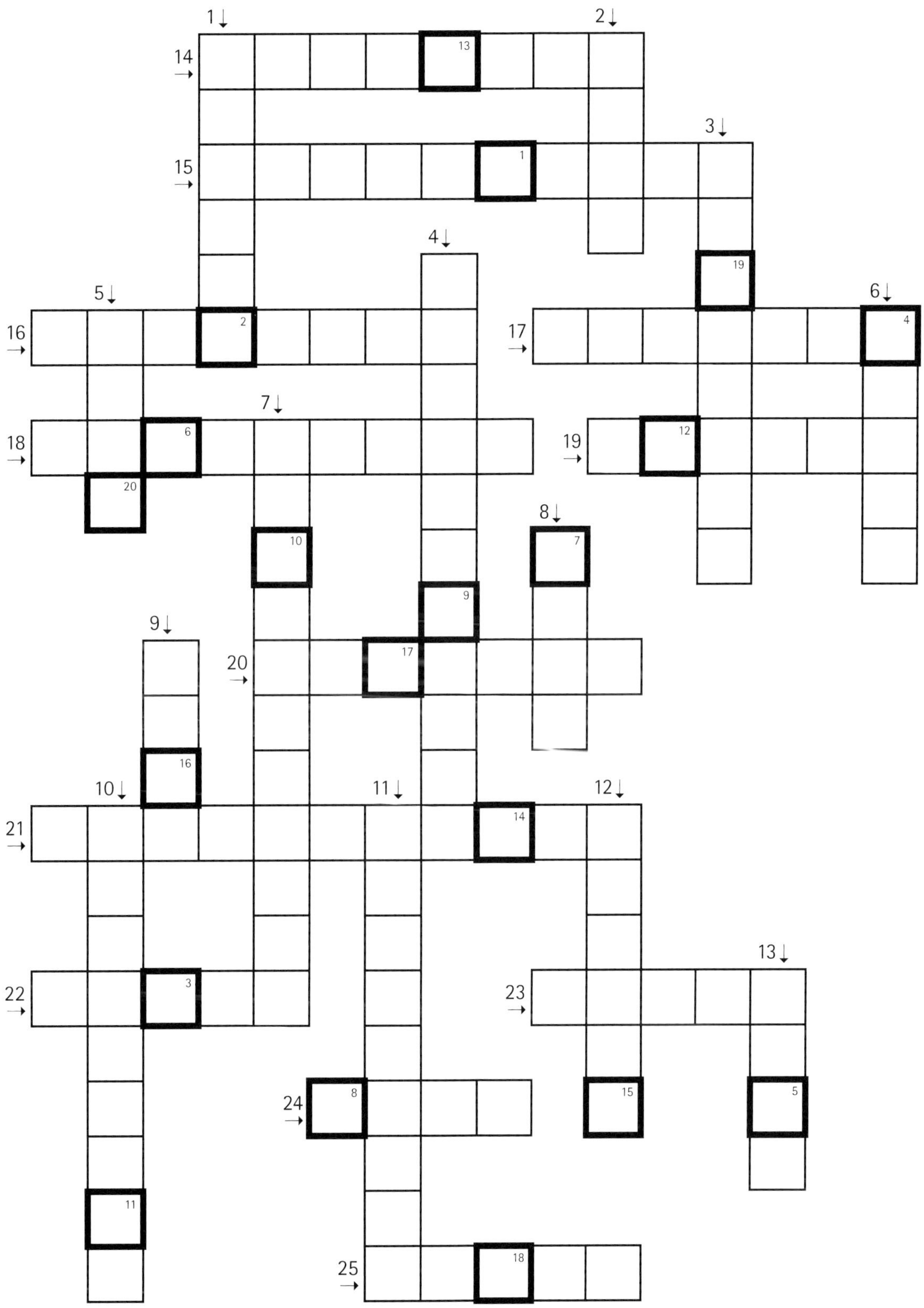

© Verlag an der Ruhr | Autorin: Doris Engel | ISBN 978-3-8346-2329-4 | www.verlagruhr.de

Rätselzauber

Kopiervorlage 2/2

Senkrecht:

1. Tamino verliebt sich in diese Frau.
2. Die Frau, in die sich Papageno verliebt, tritt zunächst als ______ Frau verkleidet auf.
3. Am Anfang der Handlung wird Tamino von einer ___________ verfolgt.
4. Papagenos Berufsbezeichnung.
5. Ein Gesangsstück, in dem nur eine Person (z.B. die Königin der Nacht) singt.
6. Da Papageno lügt, bekommt er von der zweiten Dame statt Zuckerbrot dieses „Geschenk".
7. Der Verfasser des Textes für „Die Zauberflöte".
8. Diese Zahl kommt öfter in „Die Zauberflöte" vor. Es gibt so viele Knaben und so viele Damen.
9. „Die Zauberflöte" wurde 1791 in dieser Stadt uraufgeführt.
10. Zur Eröffnung von „Die Zauberflöte" erklingt dieses Musikstück.
11. Der Fachausdruck für die Gesangskunst der Sängerin der Königin der Nacht, auf eine Silbe mehrere Töne mit kurzen Notenwerten in schneller Abfolge zu singen.
12. Die Frau, in die sich Tamino verliebt, singt in dieser Stimmlage.
13. „Die Zauberflöte" besteht aus ______ Aufzügen.

Waagerecht:

14. Papageno verliebt sich in diese Frau.
15. Der Sklave des Widersachers der Königin der Nacht.
16. Der Widersacher der Königin der Nacht.
17. Da Papageno lügt, hängt ihm die dritte Dame dieses „Geschenk" vor den Mund.
18. Auf Grund der gesprochenen Dialoge zwischen den Musiknummern ist „Die Zauberflöte" eine besondere Form des Musiktheaters. Sie ist ein ___________.
19. Am Ende von „Die Zauberflöte" steht dieses Musikstück.
20. Papageno bringt sein Glockenspiel mit den Worten „_________, Glöckchen, ________" zum Spielen und bittet so um eine Freundin.
21. In „Die Zauberflöte" geht es insbesondere um dieses Symbol der Macht.
22. Tamino und Papageno müssen in ihrer Prüfung durch ________ gehen.
23. Der Vater von Tamino ist ein Fürst. Daher ist Tamino ein ___________.
24. Papagena gibt ihr Alter mit folgenden Worten an: „18 ________ und 2 Minuten".
25. Die Königin der Nacht ist wütend und möchte ihren Widersacher töten lassen. Sie singt: „Der Hölle ____________ kocht in meinem Herzen."

Lösungssatz:

Der Ehemann der Königin der Nacht stellte die Zauberflöte aus dem Holz der

__ __ __ __ __ __ __ __ __ __ __ __ __ __ __   __ __ __ __ __ her.

Lösung

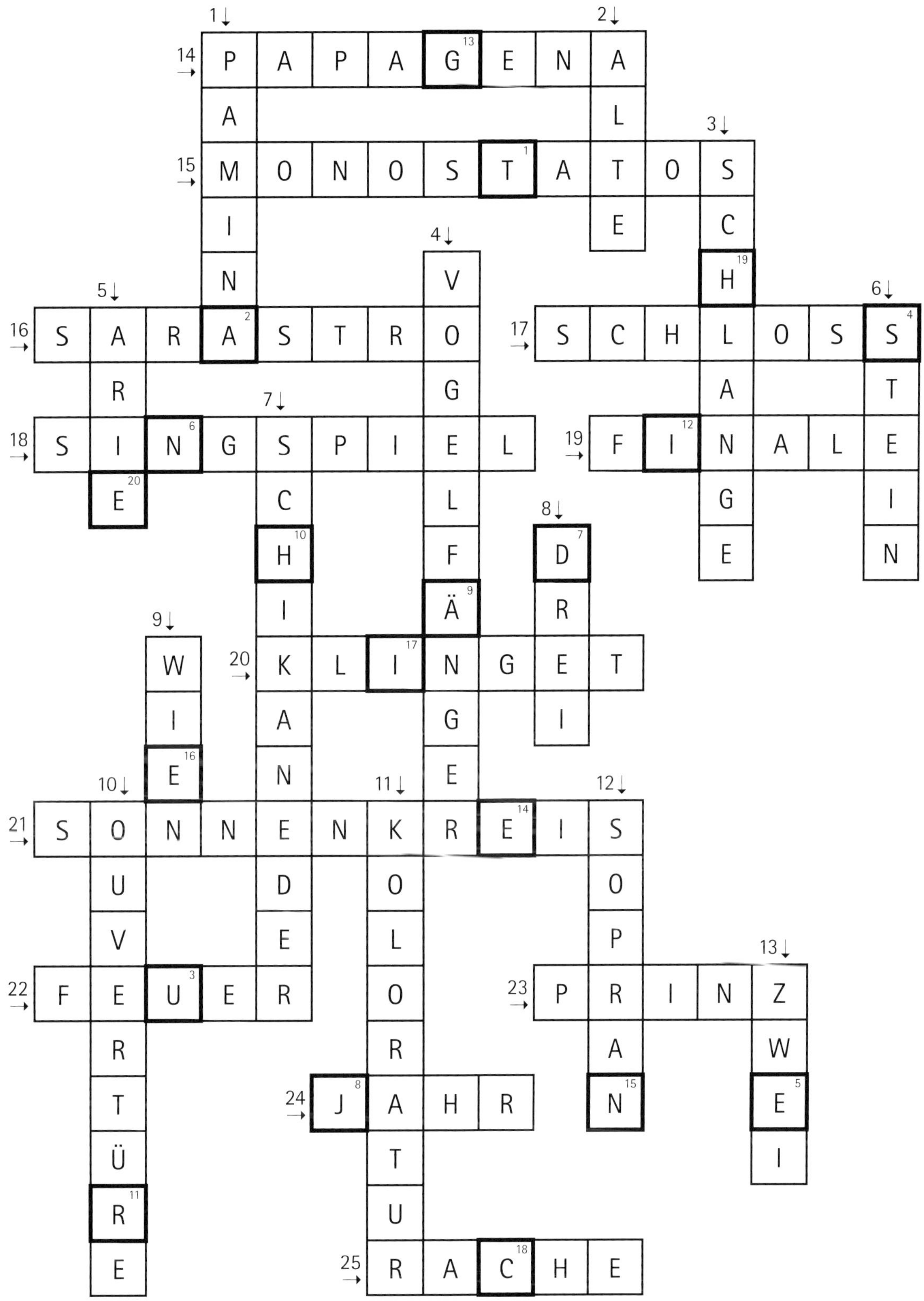

Lösungssatz:
Der Ehemann der Königin der Nacht stellte die Zauberflöte aus dem Holz der **tausendjährigen Eiche** her.

Komponisten-Schmiede

Lehrerinfo

Thema: Gehörbildung für Einsteiger

Ziel: Verknüpfung von theoretischen und praktischen Musikkenntnissen, insbesondere von Kenntnissen der Gehörbildung und der Komposition

Alter: 11–14 Jahre

Dauer: ca. 45 Minuten

Teilnehmer: ganze Klasse (in Kleingruppen-, Partner- und Einzelarbeit möglich)

Material: Komponisten-Schmiede (KV), pro Gruppe mindestens ein Melodieinstrument

Beschreibung

Die Schüler singen gemeinsam die Lieder der Komponisten-Schmiede, damit sie allen bekannt sind. Anschließend versuchen die Schüler, die Melodie der Lieder eigenständig zu notieren. Sie erhalten dazu verschiedene Hinweise und können ein Melodieinstrument nutzen.
Der erste Teil der Komponisten-Schmiede beinhaltet das Volkslied „Alle Vögel sind schon da", bei dem der Rhythmus und der Tonvorrat als Hinweise vorgegeben sind.
Der zweite Teil besteht aus dem Kanon „Bruder Jakob", bei dem nur der Tonvorrat als Hinweis vorgegeben ist. Da die Komponisten-Schmiede mit den beiden Abschnitten zwei Schwierigkeitsstufen umfasst, bearbeiten die Schüler die Teile entweder aufeinander aufbauend oder nach dem Prinzip der individuellen Förderung nur den ersten oder nur den zweiten Teil (entsprechend ihres Leistungsstandes).

Varianten

- Die Schüler erfinden kurze Melodien am Instrument und notieren ihre Kompositionen in korrekter Notenschrift.
- Die Schüler schreiben Noten- oder Rhythmusdiktate und korrigieren ihre Ergebnisse gegenseitig.

Reflexion

Diskutieren Sie im Anschluss mit der Klasse folgende Fragen:

- War das Aufschreiben der Noten für euch einfach oder schwierig?
  (mögliche Probleme reflektieren)
- Hat euch das Instrument beim Aufschreiben der Noten geholfen?
  (Methode der Instrumentennutzung evaluieren)
- Inwiefern ist es sinnvoll, Kompositionen in Notenschrift zu notieren?
  (Vor- und Nachteile der Notenschrift diskutieren, ggf. in Verbindung mit den Vor-und Nachteilen von grafischer Notation)

Komponisten-Schmiede

Kopiervorlage 1/2

Der Frühling ist da, und alle Vögel beginnen, zu zwitschern und zu singen.
Lena freut sich, denn sie mag diese Jahreszeit sehr gerne. Heute sitzt sie im Garten und denkt an das Frühlingslied „Alle Vögel sind schon da“.
Leider fallen ihr nur noch der Text und der Rhythmus ein. Die Melodie hat sie vergessen.

➧ **Hilf Lena, und schreibe die Melodie von „Alle Vögel sind schon da“ auf!**

Hinweis 1:
Folgende Töne kommen im Lied vor:

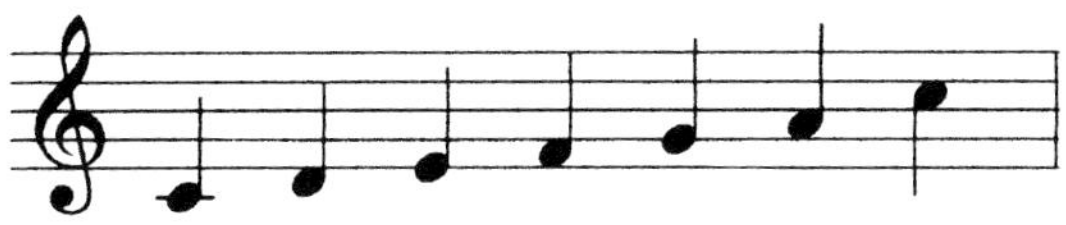

Hinweis 2:
So geht das Lied rhythmisch:

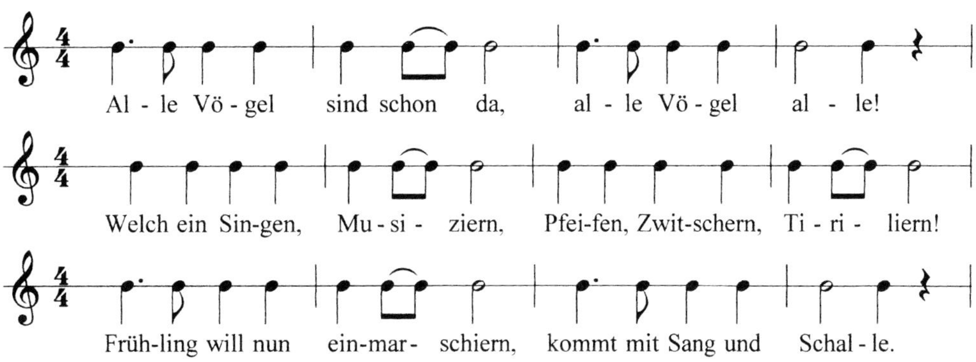

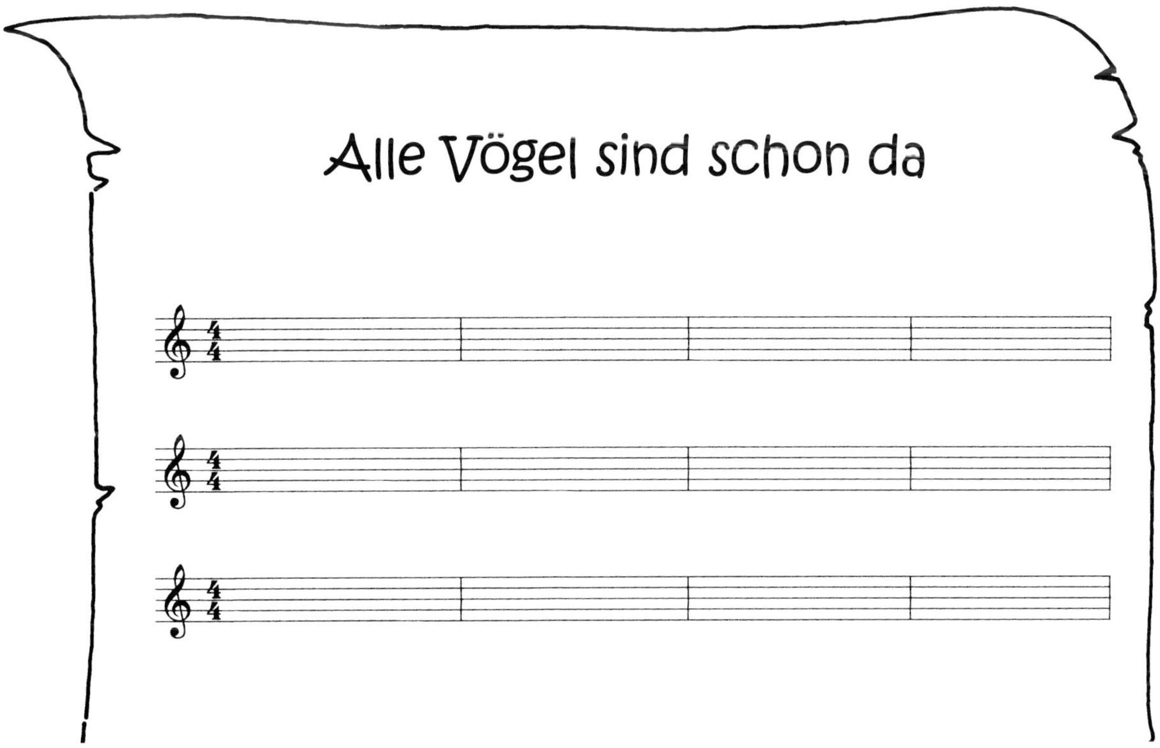

© Verlag an der Ruhr | Autorin: Doris Engel | Icon: Michael Schulz | ISBN 978-3-8346-2329-4 | www.verlagruhr.de

Komponisten-Schmiede

Kopiervorlage 2/2

Die Freunde von Jakob haben die Noten zum Kanon verloren,
mit dem sie ihren Bruder jeden Morgen wecken.

- Hilf ihnen, und schreibe den bekannten Kanon „Bruder Jakob" auf!

Hinweis 1:
Folgende Töne kommen im Kanon vor:

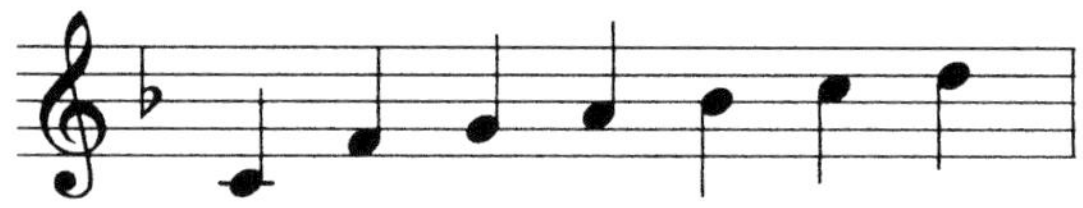

Beachte, dass nur die Tonhöhe vorgegeben ist –
die Tondauer musst du selbst herausfinden. Beachte auch das Vorzeichen!

Hinweis 2:
Der Kanontext lautet:

Bruder Jakob, Bruder Jakob!
Schläfst du noch? Schläfst du noch?
Hörst du nicht die Glocken? Hörst du nicht die Glocken?
Ding dang dong, ding dang dong!

Bruder Jakob

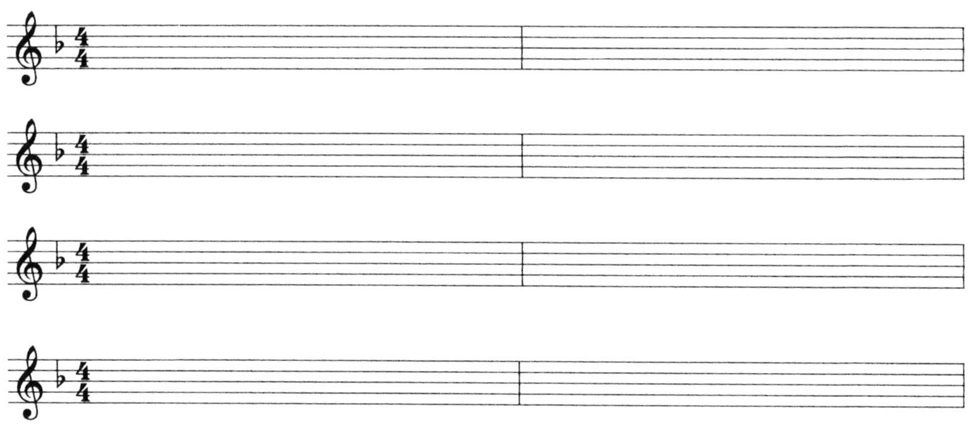

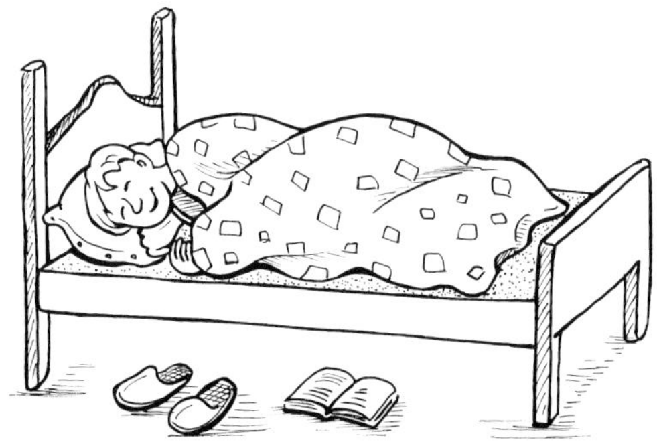

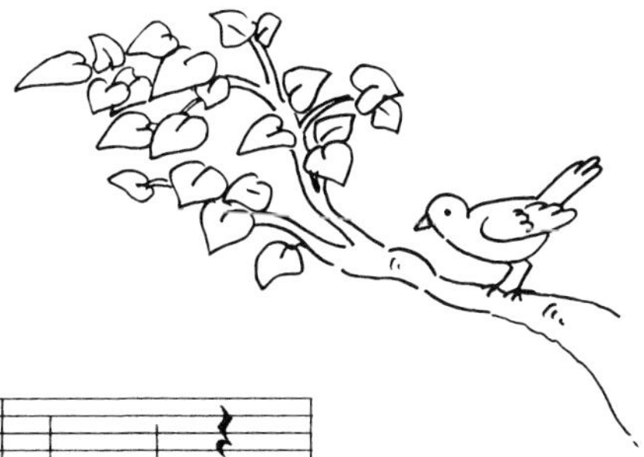

Alle Vögel sind schon da

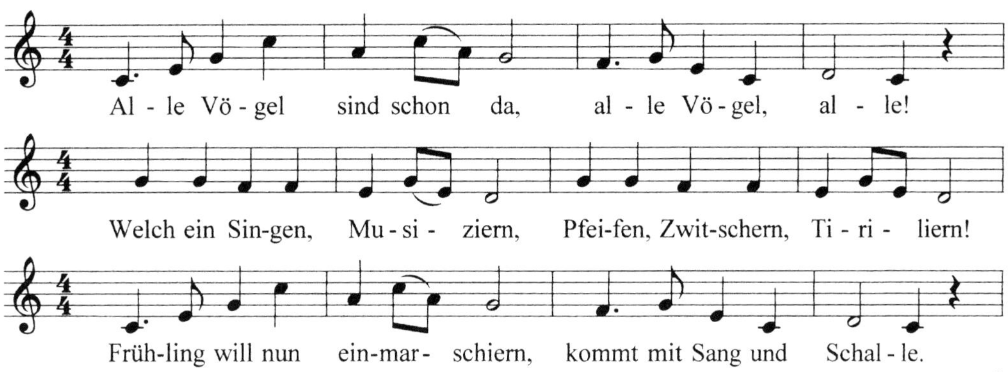

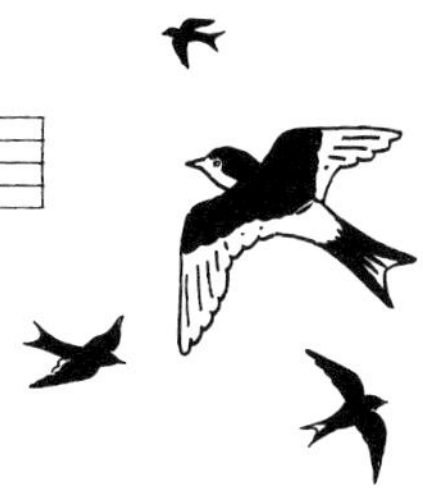

Bruder Jakob

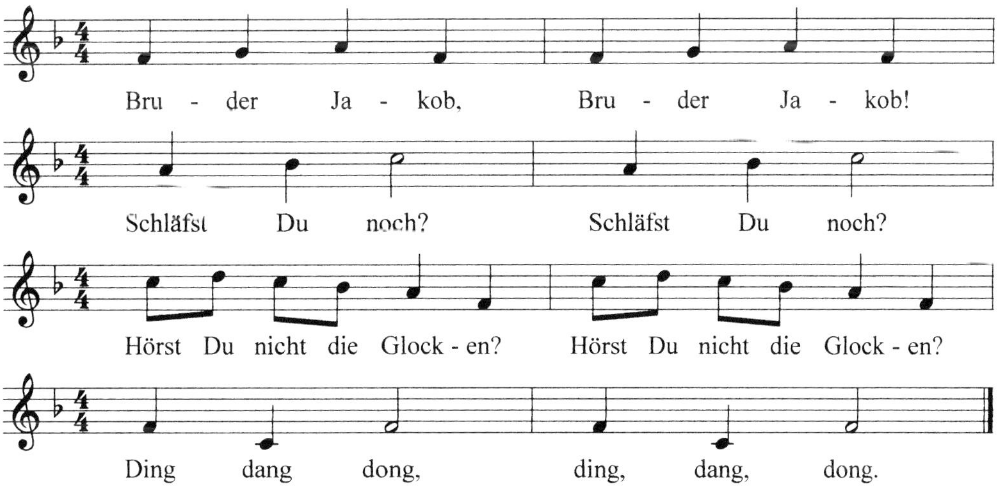

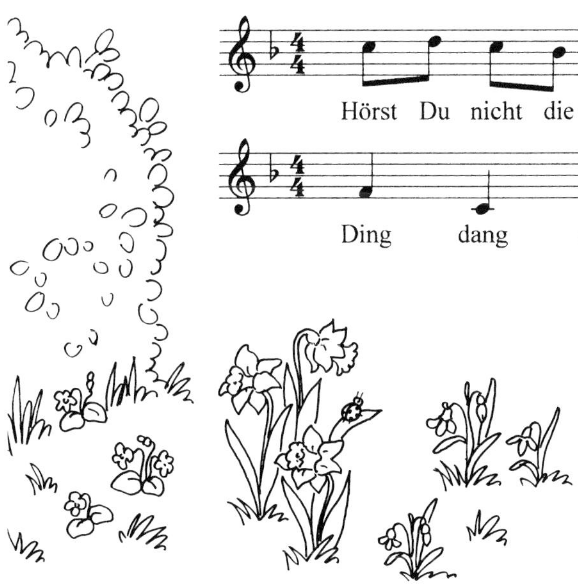

Dreiklang-Domino

Lehrerinfo

Thema: Dur- und Moll-Dreiklänge

Ziel: Festigung und Vertiefung der Kenntnisse zur Bestimmung von Dur- und Moll-Dreiklängen

Alter: 11–15 Jahre

Dauer: ca. 15 Minuten

Teilnehmer: ganze Klasse (in Gruppen- und Partnerarbeit möglich)

Material: Dominokarten (KV)

Beschreibung

Jede Schülergruppe erhält einen Satz der ausgeschnittenen und gemischten Dominokarten (ggf. auf Pappe kleben). Sie legen nun die Dominokarten aneinander, indem sie jedem Dreiklang die richtige Bestimmung zuordnen – so lange, bis sie aus allen Karten eine durchgehende Dominoreihe vom Start bis zum Ziel gelegt haben.

Varianten

- Sie können das Spiel als Wettbewerb gestalten:
  Die Schülergruppe, die das Domino als erste richtig gelöst hat, gewinnt.
- Die Schüler spielen die Dreiklänge der Dominoreihe an Instrumenten ihrer Wahl nach.
- Die Schüler erstellen selbstständig weitere Dominokarten für die Bestimmung von Dur- und Moll-Dreiklängen.

Reflexion

Diskutieren Sie im Anschluss mit der Klasse folgende Fragen:

- War das Bestimmen der Dreiklänge für euch einfach oder schwierig?
  (mögliche Probleme reflektieren)
- Fandet ihr es hilfreich, die Dreiklänge auf spielerische Art zu vertiefen?
  (eine neue Lernform reflektieren)
- Fallen euch weitere Übungsmöglichkeiten für die Bestimmung von Dreiklängen ein?
  (gemeinsam neue Lernformen entwickeln und Kreativität fördern)

Dreiklang-Domino

Start

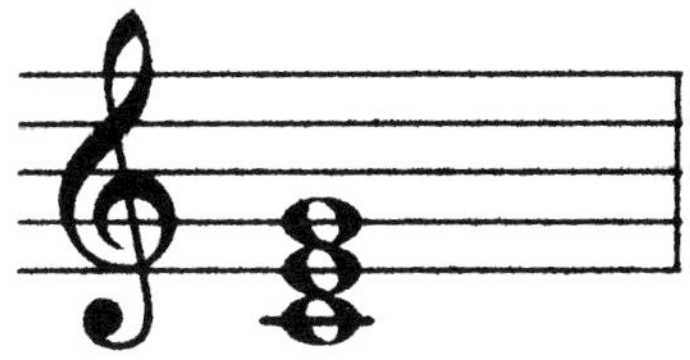

C-Dur

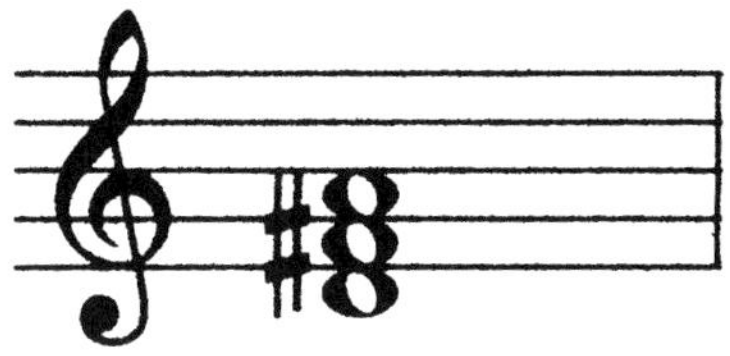

D-Dur

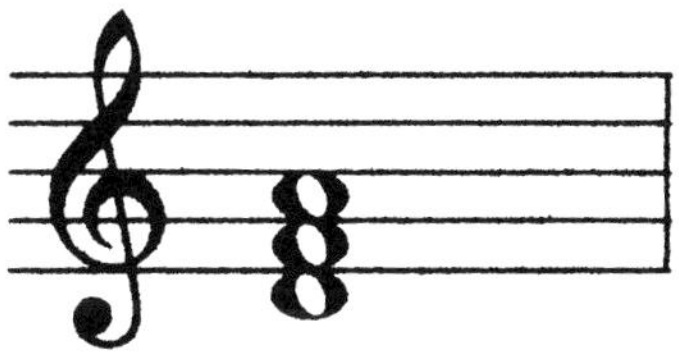

d-Moll

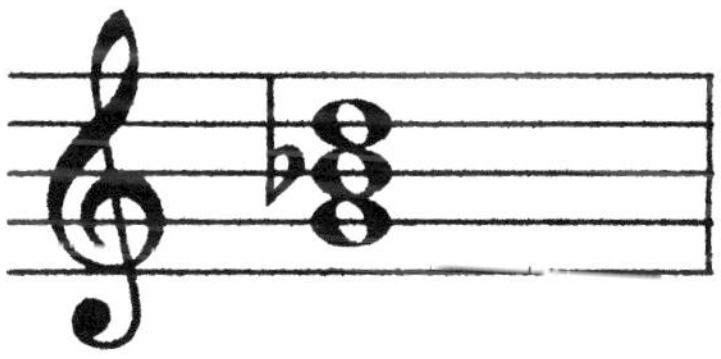

g-Moll

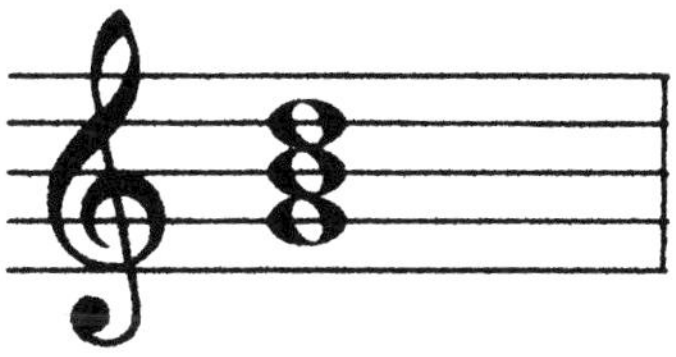

G-Dur

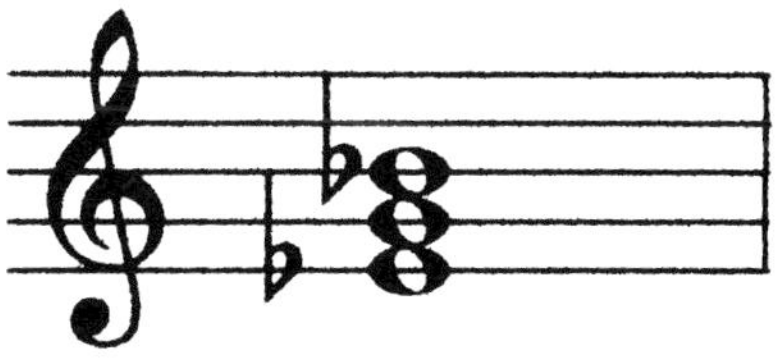

Dreiklang-Domino

Kopiervorlage 2/2

Es-Dur	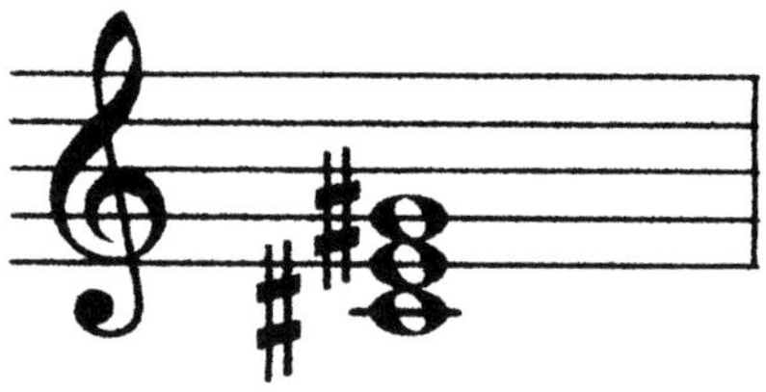
cis-Moll	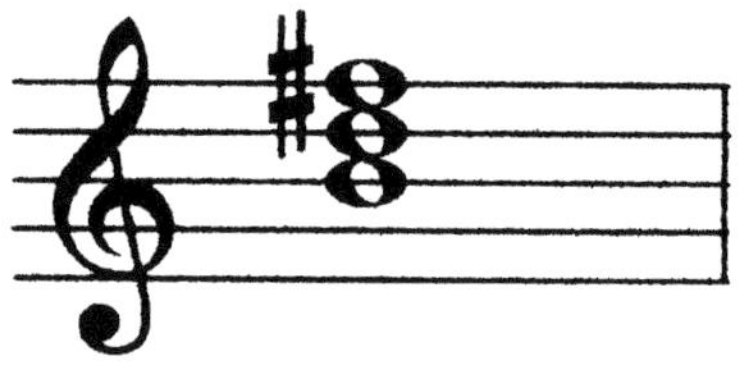
h-Moll	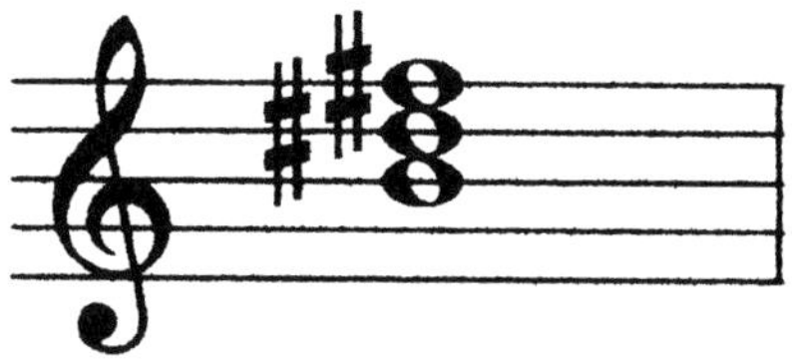
H-Dur	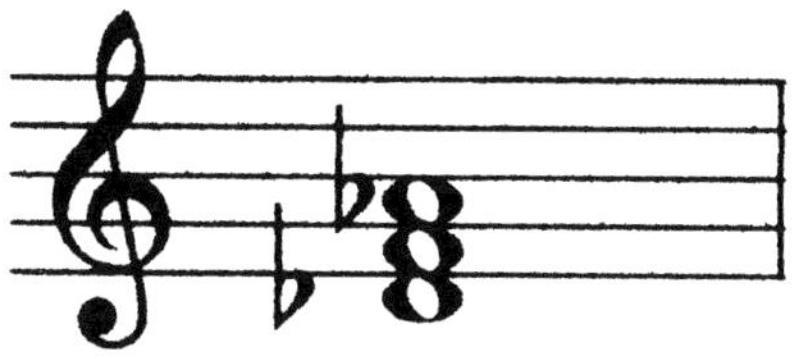
Des-Dur	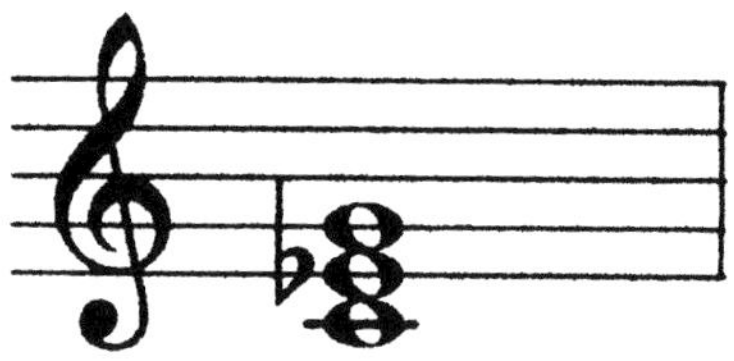
c-Moll	Ziel

Die versteckte deutsche Nationalhymne

Lehrerinfo

Thema: Deutsche Nationalhymne

Ziel: Spielerische Ermittlung des Vorwissens zum Thema „Deutsche Nationalhymne"

Alter: 11–15 Jahre

Dauer: ca. 20 Minuten

Teilnehmer: ganze Klasse (in Partner- und Einzelarbeit möglich)

Material: Die versteckte deutsche Nationalhymne (KV)

Beschreibung

Die Schüler lösen das Rätsel alleine oder zu zweit, indem sie versuchen, 15 Begriffe, die mit der deutschen Nationalhymne zusammenhängen, im Gitterrätsel zu entdecken. Wenn die Schüler Hilfe benötigen, klappen sie den unteren Teil der Rätselseite auf, um Hinweise zu den Suchwörtern zu erhalten.
Besprechen Sie anschließend die Lösung im Plenum, wobei sie zur Visualisierung auf Folie kopiert und projiziert werden kann.
Das Suchworträtsel ist als spielerische Aufwärmübung für den Beginn einer Unterrichtseinheit zum Thema „deutsche Nationalhymne" gedacht, um Vorwissen zu erfassen und erste Grundlagen für weiterführende Fragestellungen und Diskussionen zu erhalten.

Variante

Geben Sie den Schülern einen zeitlichen Rahmen (ca. 10 Minuten) vor, um das Suchworträtsel zu lösen. Der Schüler, der in dieser Zeit die meisten Wörter gefunden hat, gewinnt.

Reflexion

Leiten Sie gemeinsam mit Ihrer Klasse aus einer Diskussion über das Vorwissen zur deutschen Nationalhymne die weiterführenden Fragestellungen für den Unterricht ab.

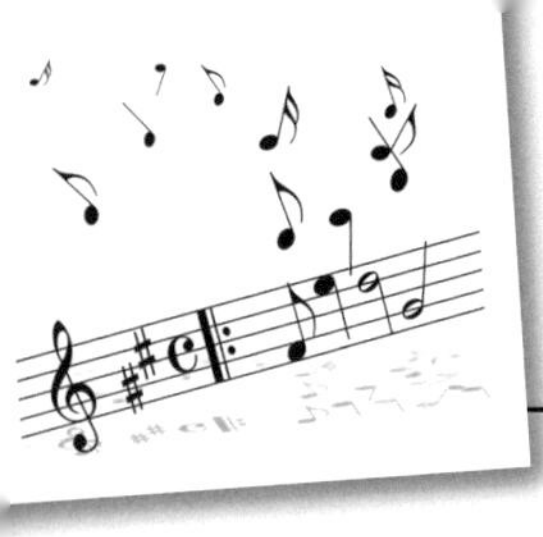

Die versteckte deutsche Nationalhymne

Kopiervorlage

Im Suchworträtsel haben sich 15 Begriffe, die mit der deutschen Nationalhymne zusammenhängen, waagerecht, senkrecht oder diagonal, vorwärts und rückwärts versteckt.

- **Finde sie heraus.**

E	I	N	I	G	K	E	I	T	I	E	K	G	V	T
A	Z	L	A	K	U	R	Ü	G	L	A	G	L	M	T
B	Ü	D	C	S	A	X	T	R	U	M	E	Ü	S	E
E	R	K	U	P	W	I	Ö	B	N	A	D	C	Y	T
J	M	J	T	I	E	O	S	A	T	Z	O	K	A	R
L	Y	O	C	H	R	M	K	E	E	Ä	P	E	G	A
D	I	S	I	S	D	E	I	A	R	O	H	S	L	U
Ä	L	E	R	C	T	E	R	K	P	H	A	E	R	Q
S	R	P	N	T	H	Z	X	D	F	I	Y	J	A	H
F	N	H	A	Z	G	N	E	R	A	L	D	M	Ü	C
A	I	B	S	R	T	A	G	E	N	K	N	V	N	I
Y	V	A	T	E	R	L	A	N	D	Z	B	O	L	E
R	M	T	U	H	I	G	E	T	Ö	T	E	R	H	R
L	B	I	A	E	L	Z	D	I	S	R	P	L	O	T
F	A	L	L	E	R	S	L	E	B	E	N	Ü	D	S
I	P	S	B	K	F	O	N	W	J	C	K	L	N	P
E	B	R	Ü	D	E	R	L	I	C	H	M	E	A	K
Z	A	Y	N	R	A	U	M	F	A	T	X	S	H	E

Knicke diesen Teil der Seite nur dann um, wenn du Hilfe brauchst.

Die folgenden Hinweise helfen dir bei der Begriffssuche.

1. Er komponierte die Nationalhymne. Vorname.
2. Er komponierte die Nationalhymne. Nachname.
3. Umgangssprachliche Bezeichnung der ursprünglichen österreichischen Hymne mit dem Text „Gott erhalte Franz, den Kaiser".
4. Der Komponist der Nationalhymne verwendete die Melodie der Hymne später auch als Thema in diesem Werk.
5. Der Text der deutschen Nationalhymne stammt aus der Feder von August Heinrich Hoffmann von ...
6. Mit diesem Wort beginnt der Text der Nationalhymne.
7. Mit diesem Wort endet der Text der Nationalhymne.

8.–15. Ein weiteres Wort aus dem Text der Nationalhymne.

Die versteckte deutsche Nationalhymne

Lösung

E	**I**	**N**	**I**	**G**	**K**	**E**	**I**	**T**	I	E	K	**G**	V	**T**
A	Z	L	A	**K**	U	R	Ü	G	L	A	G	**L**	M	**T**
B	Ü	D	C	S	**A**	X	**T**	R	**U**	M	E	**Ü**	S	**E**
E	R	K	U	P	W	**I**	Ö	B	**N**	A	D	**C**	Y	**T**
J	M	**J**	T	I	**E**	O	**S**	A	**T**	Z	O	**K**	A	**R**
L	Y	**O**	C	**H**	R	M	K	**E**	**E**	Ä	P	**E**	G	**A**
D	I	**S**	**I**	S	D	E	I	A	**R**	O	**H**	**S**	L	**U**
Ä	L	**E**	R	C	T	E	R	K	**P**	**H**	**A**	E	R	**Q**
S	**R**	**P**	N	T	H	Z	X	D	**F**	I	**Y**	J	A	**H**
F	N	**H**	A	**Z**	G	N	E	R	**A**	L	**D**	**M**	Ü	**C**
A	I	B	S	**R**	T	A	G	E	**N**	K	**N**	V	**N**	**I**
Y	**V**	**A**	**T**	**E**	**R**	**L**	**A**	**N**	**D**	Z	B	O	L	**E**
R	M	T	U	**H**	I	G	E	T	Ö	T	E	R	H	**R**
L	B	I	A	E	L	Z	D	I	S	**R**	P	L	O	**T**
F	**A**	**L**	**L**	**E**	**R**	**S**	**L**	**E**	**B**	**E**	**N**	Ü	**D**	**S**
I	P	S	B	K	F	O	N	W	J	**C**	K	L	**N**	P
E	**B**	**R**	**Ü**	**D**	**E**	**R**	**L**	**I**	**C**	**H**	M	E	**A**	K
Z	A	Y	N	R	A	U	M	F	A	**T**	X	S	**H**	E

Hilfestellung zum Suchworträtsel „Die versteckte deutsche Nationalhymne"

1. Joseph
2. Haydn
3. Kaiserhymne
4. Streichquartett [op. 76, Nr. 3]
5. Fallersleben
6. Einigkeit
7. Vaterland

8.–15. Recht, Freiheit, brüderlich, Herz, Hand, Unterpfand, Glanze, Glückes

Festschrift zu Beethovens Jubiläumsjahr

Lehrerinfo

Thema: Ludwig van Beethovens Leben und Werk

Ziel: Festigung und Vertiefung der Kenntnisse zu Beethovens Leben und Werk

Alter: 12–16 Jahre

Dauer: ca. 25 Minuten (zzgl. einer Freiarbeitsphase oder einer Hausaufgabe)

Teilnehmer: ganze Klasse (in Partner- und Einzelarbeit möglich)

Material: Festschrift zu Beethovens Jubiläumsjahr (KV), ggf. Internetzugang

Beschreibung

Geben Sie den Schülern einen zeitlichen Rahmen (ca. 15 Minuten) vor, um die Fehler in Beethovens Festschrift zu finden. Je nach Kenntnisstand der Lerngruppe kann dieses Spiel auch als Übung für die Methode „Internetrecherche" verwendet werden. In diesem Fall sollten Sie einen längeren zeitlichen Rahmen (ca. 25 Minuten) einplanen.
Besprechen Sie die Lösungen der ersten und zweiten Aufgabe anschließend im Plenum, wobei diese zur Visualisierung auf Folie kopiert und projiziert werden können.
Die dritte Aufgabe ist für eine Freiarbeitsphase oder als Hausaufgabe gedacht. Die Lösung kann in jede denkbare Präsentationsmethode eingearbeitet werden (beispielsweise als Aufsatz, Referat, Powerpoint-Präsentation oder szenisches Spiel). Zudem kann mit der Aufgabe auch ein Autorenwettbewerb innerhalb der Klasse stattfinden.

Varianten

- Bei älteren Schülern können Sie diesem biografischen Fehlersuchspiel auch eine fehlerhafte Analyse eines Musikstückes von Beethoven hinzufügen. Die Schüler korrigieren in diesem Fall entweder die Analyse so, dass sie zur Komposition passt, oder greifen in die Komposition des Musikstückes ein, sodass die falsche Analyse richtig wird.
- Die Schüler bauen Fehler in die Biografien anderer Komponisten ein.

Reflexion

Diskutieren Sie im Anschluss mit der Klasse folgende Fragen:

- Hattet ihr Schwierigkeiten, die Fehler im Artikel zu finden?
(mögliche Verständnisschwierigkeiten reflektieren)
- Welche Linderungsmöglichkeiten gab es für Beethovens Gehörleiden?
(für die Funktion und Bedeutsamkeit des Hörsinns – ggf. ergänzt durch Hörexperimente und eine Einführung in die Gebärdensprache – sensibilisiert werden)

Festschrift zu Beethovens Jubiläumsjahr

Kopiervorlage

2020 steht für die Stadt Bonn ein wichtiges Jubiläumsjahr an, da anlässlich des 250. Geburtstages von Ludwig van Beethoven 250 Festveranstaltungen stattfinden sollen. Für die Jubiläums-Festschrift, die in diesem Jahr erscheinen soll, wird ein Artikel über Ludwig van Beethovens Leben und Werk gesucht. Um den besten Artikel zu ermitteln, hat die Stadt einen Autorenwettbewerb ins Leben gerufen. Unter dem Namen „Jaquino" hat sich bereits einen Tag nach der Ausschreibung des Wettbewerbs ein erster Bewerber gefunden. Doch die Kommission ist erschüttert: Es befinden sich zahlreiche Fehler in seinem Artikel.

- Finde die Fehler, und korrigiere sie!

Ludwig van Beethoven wird 1780 in Bonn geboren. 1792 zieht er nach Wien um und lebt bis zu seinem Tod überwiegend dort.
Am besten gefallen mir seine zwölf Sinfonien: Da wäre die dritte Sinfonie, die „Eroica", die er zunächst zu Ehren Julius Caesars „Sinfonia Grande, Intitulata Caesare" genannt hat. Dann die sechste Sinfonie, die als so genannte „Schicksalssinfonie" bekannt wurde. Und schließlich die großartige neunte Sinfonie, in der er Goethes Ode „An die Freude" vertont hat. Ich vergesse einfach alles um mich herum, wenn ich mich ans Klavier setze und sein Klavierstück „Von Elise" spiele. Der Anfang mit den Sechzehnteln auf f'' und dis'' in forte gefällt mir so gut. Schade nur, dass Beethoven immer so viel Pech mit den Frauen hatte. Vielleicht hat er deshalb auch eine Oper über die Kraft der wahren Liebe geschrieben. Der Inhalt klingt wie ein Krimi: Fidelio sucht seine Frau Leonore, die als Florestan verkleidet in einem schwedischen Gefängnis sitzt. Als der Bösewicht Pizarro dem Briefträger Rocco befiehlt, ein Grab für Florestan zu schaufeln, ist das Liebespaar in höchster Gefahr. Pizarro gelingt es beinahe, beide zu töten, als Querflöten die Ankunft des Ministers, einem Freund von Florestan, ankündigen. Der Kampf wird unterbrochen, das Liebespaar ist gerettet. Beethoven wird im Laufe seines Lebens blind. Er bemerkt seine Krankheit und schreibt in einem kleinen Ort namens Heiligenstadt bei Wien verzweifelt das so genannte „Heilige Testament". Wie gut, dass er trotz allem noch weiter komponierte und uns so großartige Werke hinterließ. Neben den eben erwähnten Kompositionen möchte ich abschließend drei weitere bedeutende Werke nennen: die Kerzenscheinsonate, den Liederzyklus „An die ferne Geliebte" und das Harfenquintett „Wellingtons Niederlage oder die Schlacht bei Vittoria". In Beethovens Werkverzeichnis stehen insgesamt 98 Kompositionen. Dass Beethoven, sein Leben und sein Werk bis heute beliebt sind, zeigt auch die Feier zu seinem 300. Geburtstag!

Hochachtungsvoll,

Jaquino

- Kommt dir der Name Jaquino in Bezug auf Beethoven bekannt vor?
- Nimm am Autorenwettbewerb teil, und verfasse einen kurzen Artikel über Beethoven.

Festschrift zu Beethovens Jubiläumsjahr

Lösung

➧ Finde die Fehler, und korrigiere sie!

Ludwig van Beethoven wird **1770** in Bonn geboren. 1792 zieht er nach Wien um und lebt bis zu seinem Tod überwiegend dort.
Am besten gefallen mir seine **neun** Sinfonien: Da wäre die dritte Sinfonie, die „Eroica", die er zunächst zu Ehren **Napoleon Bonapartes** „Sinfonia Grande, Intitulata **Bonaparte**" genannt hat. Dann die **fünfte** Sinfonie, die als so genannte „Schicksalssinfonie" bekannt wurde. Und schließlich die großartige neunte Sinfonie, in der er **Schillers** Ode „An die Freude" vertont hat.
Ich vergesse einfach alles um mich herum, wenn ich mich ans Klavier setze und sein Klavierstück „**Für** Elise" spiele. Der Anfang mit den Sechzehnteln auf **e''** und dis'' im **pianissimo** gefällt mir so gut. Schade nur, dass Beethoven immer so viel Pech mit den Frauen hatte.
Vielleicht hat er deshalb auch eine Oper über die Kraft der wahren Liebe geschrieben. Der Inhalt klingt wie ein Krimi: **Leonore, die als Fidelio verkleidet ist**, sucht **ihren Mann Florestan**, der in einem **spanischen** Gefängnis sitzt. Als der Bösewicht Pizarro dem **Kerkermeister** Rocco befiehlt, ein Grab für Florestan zu schaufeln, ist das Liebespaar in höchster Gefahr. Pizarro gelingt es beinahe, beide zu töten, als **Trompeten** die Ankunft des Ministers, einem Freund von Florestan, ankündigen. Der Kampf wird unterbrochen, das Liebespaar ist gerettet.
Beethoven wird im Laufe seines Lebens taub. Er bemerkt seine Krankheit und schreibt in einem kleinen Ort namens Heiligenstadt bei Wien verzweifelt das so genannte „**Heiligenstädter** Testament".
Wie gut, dass er trotz allem noch weiter komponierte und uns so großartige Werke hinterließ. Neben den eben erwähnten Kompositionen möchte ich abschließend drei weitere bedeutende Werke nennen: die **Mond**scheinsonate, den Liederzyklus „An die ferne Geliebte" und das **Orchesterwerk** „Wellingtons **Sieg** oder die Schlacht bei Vittoria". In Beethovens Werkverzeichnis stehen insgesamt **138** Kompositionen.
Dass Beethoven, sein Leben und sein Werk bis heute beliebt sind, zeigt auch die Feier zu seinem **250.** Geburtstag!

Hochachtungsvoll,

Jaquino

➧ Kommt dir der Name Jaquino in Bezug auf Beethoven bekannt vor?

Jaquino ist eine Figur aus Beethovens Oper „Fidelio". Er ist schon lange in Marzelline verliebt und sieht in Fidelio alias Leonore einen unliebsamen Nebenbuhler.

Handlungs-Mix

Lehrerinfo

Thema: „West Side Story" (Leonard Bernstein)

Ziel: Sensibilisierung für die Handlungsstränge im Musical „West Side Story"

Alter: 13–16 Jahre

Dauer: ca. 20 Minuten

Teilnehmer: ganze Klasse (in Partner- und Einzelarbeit möglich)

Material: Handlungs-Mix (KV), Schere, Klebestift oder Kebeband

Beschreibung

Die Schüler lösen alleine oder zu zweit das Rätsel. Dazu schneiden sie die einzelnen Teile zum Inhalt des Musicals „West Side Story" sowie zu den Orten des Geschehens aus und legen sie neben der Zeitleiste so zusammen, dass eine sinnvolle Musicalhandlung entsteht. Der Handlungs-Mix ist als spielerische Aufwärmübung für den Beginn einer intensiven Auseinandersetzung mit dem Musical „West Side Story" gedacht, um die Schüler für die komplexen Handlungsstränge im Musical zu sensibilisieren. Der inhaltliche Überblick hilft den Schülern bei der Einordnung der im weiteren Reihenverlauf zu behandelnden Szenen und Songs. Das Spiel kann selbstverständlich auch der Stoffwiederholung dienen.

Varianten

- Geben Sie den Schülern einen zeitlichen Rahmen (ca. 10 Minuten) vor, um den Handlungs-Mix zu lösen. Der Schüler, der die meisten Übereinstimmungen mit der richtigen Lösung hat, gewinnt.
- Wenn die in dieser Diskussion gesammelten Erwartungshaltungen schriftlich gesichert werden, können Sie am Ende der Unterrichtsreihe einen Rückbezug zu den anfänglich geäußerten Ideen mit dem Ziel des Abgleichs (Verifizierung, Modifizierung, Falsifizierung) herstellen.

Reflexion

Diskutieren Sie im Anschluss mit der Klasse folgende Fragen:

- War die Zusammenstellung der Handlung für euch einfach oder schwierig? Welche anderen Handlungsabläufe erschienen euch beim Puzzle sinnvoll? (mögliche Probleme reflektieren)
- Wie würdet ihr die einzelnen Szenen musikalisch gestalten? (für die musikalische Umsetzung der Handlung sensibilisieren)

Handlungs-Mix

Kopiervorlage 1/2

ZEITLEISTE
1. Tag, 17.30 Uhr
1. Tag, 22 Uhr
1. Tag, 23 Uhr
2. Tag, 18 bis 21 Uhr
2. Tag, 21 Uhr
2. Tag, 21.15 Uhr
2. Tag, 23.30 Uhr
2. Tag, 23.40 Uhr
2. Tag, 23.50 Uhr
2. Tag, 24 Uhr

Die Handlung des weltbekannten Musicals „West Side Story" spielt innerhalb von zwei Tagen in der West Side von New York.

- Schneide die einzelnen Puzzlesteine zum Inhalt und zu den Orten des Geschehens aus, und lege sie neben der Zeitleiste so zusammen, dass eine sinnvolle Musicalhandlung entsteht.
  Wenn du dir sicher bist, dass deine Mischung richtig ist, klebe die entstandene Handlung auf die Rückseite, und ergänze die Zeitangaben.

Handlungs-Mix

Kopiervorlage 2/2

PUZZLESTEINE ZUM ORT DES GESCHEHENS	PUZZLESTEINE ZUM INHALT
Marias Schlafzimmer	Die Jets verdächtigen Anita, Spitzeldienste für die Sharks zu leisten, und fallen über sie her. Anita behauptet daher wütend, dass Maria von ihrem eifersüchtigen Verehrer, Chino, erschossen wurde.
Eine enge Gasse	Als Riff, der Anführer der Jets und Freund von Tony, von Bernardo, Anführer der Sharks und Bruder von Maria, erstochen wird, ersticht Tony in plötzlicher Verzweiflung Bernardo.
Docs Laden	Tony folgt Maria bis nach Hause. Beide gestehen sich ihre Liebe und verabreden ein Rendezvous für den nächsten Abend.
Hinterhof	Maria und Tony werden von Anita gestört. Tony flieht und versteckt sich im Laden von Doc, für den er arbeitet. Anita verspricht, Maria zu helfen.
Das Viertel	Tony irrt durch die Straßen und sucht nach der angeblich toten Maria. In dem Moment, als Tony die doch noch lebende Maria sieht, wird er von Chino erschossen. Tony stirbt in Marias Armen.
Marias Schlafzimmer	Während die Gangs Jets und Sharks einen großen Kampf vorbereiten, freuen sich Maria und ihre Freundin Anita auf ihre abendlichen Rendezvous mit Tony und Bernardo.
Im Keller von Docs Laden	Beim Tanzfest verlieben sich Maria und Tony ineinander.
Die Straße	Tony geht zu Maria und bittet sie um Verzeihung für Bernardos Tod. Maria möchte nicht, dass sich Tony der Polizei stellt.
Tanzsaal im Jugendklub	Tony fühlt, dass ihm demnächst etwas Besonderes geschehen wird.
Unter der Autobahn	Tony erfährt von Doc, dass Maria tot sei.

Handlungs-Mix

Lösung

ZEITLEISTE	ORT	INHALT
1. Tag, 17.30 Uhr	**Hinterhof**	Tony fühlt, dass ihm demnächst etwas Besonderes geschehen wird.
1. Tag, 22 Uhr	**Tanzsaal im Jugendklub**	Beim Tanzfest verlieben sich Maria und Tony ineinander.
1. Tag, 23 Uhr	**Eine enge Gasse**	Tony folgt Maria bis nach Hause. Beide gestehen sich ihre Liebe und verabreden ein Rendezvous für den nächsten Abend.
2. Tag, 18 bis 21 Uhr	**Das Viertel**	Während die Gangs Jets und Sharks einen großen Kampf vorbereiten, freuen sich Maria und ihre Freundin Anita auf ihre abendlichen Rendezvous mit Tony und Bernardo.
2. Tag, 21 Uhr	**Unter der Autobahn**	Als Riff, der Anführer der Jets und Freund von Tony, von Bernardo, Anführer der Sharks und Bruder von Maria, erstochen wird, ersticht Tony in plötzlicher Verzweiflung Bernardo.
2. Tag, 21.15 Uhr	**Marias Schlafzimmer**	Tony geht zu Maria und bittet sie um Verzeihung für Bernardos Tod. Maria möchte nicht, dass sich Tony der Polizei stellt.
2. Tag, 23.30 Uhr	**Marias Schlafzimmer**	Maria und Tony werden von Anita gestört. Tony flieht und versteckt sich im Laden von Doc, für den er arbeitet. Anita verspricht, Maria zu helfen.
2. Tag, 23.40 Uhr	**Docs Laden**	Die Jets verdächtigen Anita, Spitzeldienste für die Sharks zu leisten, und fallen über sie her. Anita behauptet daher wütend, dass Maria von ihrem eifersüchtigen Verehrer, Chino, erschossen wurde.
2. Tag, 23.50 Uhr	**Im Keller von Docs Laden**	Tony erfährt von Doc, dass Maria tot sei.
2. Tag, 24 Uhr	**Die Straße**	Tony irrt durch die Straßen und sucht nach der angeblich toten Maria. In dem Moment, als Tony die doch noch lebende Maria sieht, wird er von Chino erschossen. Tony stirbt in Marias Armen.

Logical: Klassische Werke neu entdeckt

Lehrerinfo

Thema: Original und Bearbeitung

Ziel: Sensibilisierung für die Bearbeitung von Werken (Inhalt des Rätsels) sowie Förderung des logischen Denkens (Methode: Logical-Rätsel)

Alter: 14–18 Jahre

Dauer: ca. 20 Minuten

Teilnehmer: ganze Klasse (in Partner- und Einzelarbeit möglich)

Material: Logical (KV)

Beschreibung

Geben Sie den Schülern einen zeitlichen Rahmen (ca. 10 Minuten) vor, um das Logical zu lösen. Dafür filtern sie aus Hinweisen Informationen heraus, die ihnen helfen, die Originalwerke ihren Bearbeitern zuzuordnen.
Besprechen Sie anschließend die Lösung im Plenum, wobei Sie sie zur Visualisierung auf Folie kopieren und an die Wand projizieren können.

Varianten

- Die Schüler ordnen den gesuchten Originalwerken sowie deren Bearbeitungen Hörbeispiele zu.
- Die Schüler hören sich mehrere Bearbeitungen desselben Werkes an und beurteilen die jeweiligen künstlerischen Umsetzungen unter einer leitenden Fragestellung. Diese Variante kann mit einer vergleichenden Analyse der Werke ergänzt werden.

Reflexion

Diskutieren Sie im Anschluss mit der Klasse folgende Fragen:

- War das Lösen des Logicals für euch einfach oder schwierig? (mögliche Probleme reflektieren)
- Inwiefern findet ihr die Bearbeitung eines bereits vorhandenen Werkes moralisch gerechtfertigt? (ein individuelles Wertesystem entwickeln und Kompositionen innerhalb dieses Wertesystems beurteilen)
- Welche Möglichkeiten könnt ihr euch für die juristische Legalität von Bearbeitungen bei einem gleichzeitigen Schutz des Originalwerkes vorstellen? (Rechtsstaatsverständnis aufbauen und entwickeln)
- Diskutiert die Meinungen verschiedener Komponisten pro/kontra Bearbeitungen, und bezieht Stellung zu den Kommentaren. (Reflexions- und Urteilsfähigkeit üben)

Logical: Klassische Werke neu entdeckt

Kopiervorlage 1/2

Viele Künstler begeistern Werke der Vergangenheit so sehr, dass sie sie bearbeiten. Doch ihre neuen Kompositionen und Interpretationen lösen Diskussionen aus: Inwiefern darf ein Künstler fremdes Gedankengut bearbeiten? Was ist juristisch legal und moralisch gerechtfertigt?

- **Findet heraus: Welche Komposition (Titel, Komponist, chronologische Reihenfolge der Uraufführung) ist von welchem Künstler (Komponist oder Interpret) bearbeitet worden?**

	Lied der Spinnerinnen	5. Sinfonie	Bilder einer Ausstellung	Rondo Alla Turca	Toccata und Fuge d-moll	Johann Sebastian Bach	Ludwig van Beethoven	Wolfgang Amadeus Mozart	Modest Mussorgsky	Richard Wagner	Ekseption	Franz Liszt	Tilo Medek	Maurice Ravel	Sky
1															
2															
3															
4															
5															
Ekseption															
Franz Liszt															
Tilo Medek															
Maurice Ravel															
Sky															
Johann Sebastian Bach															
Ludwig van Beethoven															
Wolfgang Amadeus Mozart															
Modest Mussorgsky															
Richard Wagner															

Hinweise

Um das Logical lösen zu können, erhältst du fünf Hinweise. Trage die Informationen der Hinweise in das Diagramm ein. Notiere dabei für jede sichere Lösung ein positives Zeichen (z.B. „+") und für jeden sicheren Ausschluss ein negatives Zeichen (z.B. „–"). So ergeben sich im Diagramm immer wieder neue Hinweise, die dir helfen, das Rätsel komplett zu lösen. **Übertrage die Lösung anschließend in die Tabelle.**

1. Der Klaviervirtuose Franz Liszt bearbeitete den Chor „Lied der Spinnerinnen" aus der Oper „Der fliegende Holländer".
2. Der französische Komponist Maurice Ravel bearbeitete das zuletzt erschienene Werk, nicht aber die Komposition Richard Wagners und auch nicht „Rondo Alla Turca".
3. Die „5. Sinfonie" wurde als drittes Werk komponiert – nicht aber von Richard Wagner oder Modest Mussorgski.
4. Johann Sebastian Bachs Orgelwerk „Toccata und Fuge d-moll" wurde als erstes komponiert und weder von Tilo Medek noch von der niederländischen Gruppe Ekseption bearbeitet.
5. Mozarts „Rondo Alla Turca" aus seiner Klaviersonate Nr. 11 wurde von jemandem bearbeitet, dessen Nachname alphabetisch auf den Nachnamen des Bearbeiters vom „Lied der Spinnerinnen" folgt. Es entstand direkt nach der Komposition, die von der Gruppe Sky bearbeitet worden ist.

UA DER ORIGINALWERKE (Chronologie)	TITEL DER ORIGINALWERKE	KOMPONIST DER ORIGINALWERKE	KOMPONIST/INTERPRET DER BEARBEITETEN WERKE

Logical: Klassische Werke neu entdeckt

Lösungen

	Lied der Spinnerinnen	5. Sinfonie	Bilder einer Ausstellung	Rondo Alla Turca	Toccata und Fuge d-moll	Johann Sebastian Bach	Ludwig van Beethoven	Wolfgang Amadeus Mozart	Modest Mussorgsky	Richard Wagner	Ekseption	Franz Liszt	Tilo Medek	Maurice Ravel	Sky
1	-	-	-	-	+	+	-	-	-	-	-	-	-	-	+
2	-	-	-	+	-	-	-	+	-	-	-	-	+	-	-
3	-	+	-	-	-	-	+	-	-	-	+	-	-	-	-
4	+	-	-	-	-	-	-	-	-	+	-	+	-	-	-
5	-	-	+	-	-	-	-	-	+	-	-	-	-	+	-
Ekseption	-	+	-	-	-	-	+	-	-	-					
Franz Liszt	+	-	-	-	-	-	-	-	-	+					
Tilo Medek	-	-	-	+	-	-	-	+	-	-					
Maurice Ravel	-	-	+	-	-	-	-	-	+	-					
Sky	-	-	-	-	+	+	-	-	-	-					
Johann Sebastian Bach	-	-	-	-	+										
Ludwig van Beethoven	-	+	-	-	-										
Wolfgang Amadeus Mozart	-	-	-	+	-										
Modest Mussorgsky	-	-	+	-	-										
Richard Wagner	+	-	-	-	-										

UA DER ORIGINALWERKE (Chronologie)	TITEL DER ORIGINALWERKE	KOMPONIST DER ORIGINALWERKE	KOMPONIST/INTERPRET DER BEARBEITETEN WERKE
1	Toccata und Fuge d-moll	Johann Sebastian Bach	Sky
2	Rondo Alla Turca (Klaviersonate Nr. 11)	Wolfgang Amadeus Mozart	Tilo Medek
3	5. Sinfonie	Ludwig van Beethoven	Ekseption
4	Lied der Spinnerinnen (Der fliegende Holländer)	Richard Wagner	Franz Liszt
5	Bilder einer Ausstellung	Modest Mussorgski	Maurice Ravel

Puzzle fantastique

Lehrerinfo

Thema: „Symphonie fantastique" (Hector Berlioz)

Ziel: Förderung der Reflexions- und Urteilsfähigkeit in Bezug auf Rezensionen

Alter: 15–18 Jahre

Dauer: ca. 15 Minuten

Teilnehmer: ganze Klasse (in Kleingruppen-, Partner- und Einzelarbeit möglich)

Material: Puzzle fantastique (KV), Schere, Klebestift oder Klebeband

Beschreibung

Die Schüler erhalten das „Puzzle fantastique", schneiden die einzelnen Puzzleteile aus und kleben sie so sinnvoll zusammen, dass die Rezension Felix Mendelssohn Bartholdys zu Hector Berlioz' „Symphonie fantastique" wieder vollständig lesbar wird. Besprechen sie anschließend die Lösung im Plenum, wobei sie zur Visualisierung auf Folie kopiert und projiziert werden kann.

Varianten

- Die Schüler beschriften die Puzzleteile mit den Zahlen 1–20, um die Reihenfolge zu kennzeichnen, anstatt die Puzzleteile auszuschneiden und neu zusammenzukleben.
- Die Schüler schreiben eine eigene Rezension zur „Symphonie fantastique".

Reflexion

Diskutieren Sie im Anschluss mit der Klasse folgende Fragen:

- Warum stieß Berlioz' „Symphonie fantastique" bei einigen seiner Zeitgenossen auf Kritik?
  (Interpretations-, Reflexions- und Urteilsfähigkeit fördern)
- Vergleiche die Rezension Mendelssohn Bartholdys, die er privat in einem Brief an seine Mutter schreibt, mit offiziellen Rezensionen aus der Zeitung.
  (vergleichende Analyse von Rezensionen üben)
- Welche Vor- und Nachteile gibt es bei der Verwendung eines Programms zur „Symphonie fantastique"?
  (Zuhörerlenkung durch Programme diskutieren)

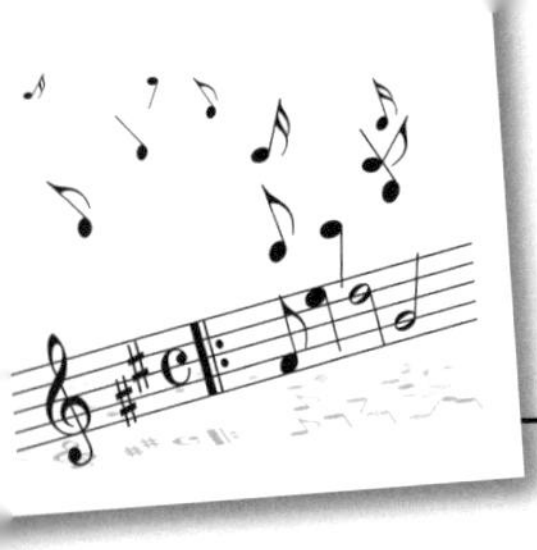

Puzzle fantastique

Kopiervorlage

Der deutsche Komponist Felix Mendelssohn Bartholdy schreibt 1831 einen Brief an seine Mutter, in dem er ihr von Hector Berlioz' „Symphonie fantastique" berichtet.

➧ **Puzzle den folgenden Ausschnitt des Briefes, der die Rezension erhält, wieder lesbar zusammen!**

Das zweite Stück ist ein Ball, wo ihm	Die besagte dann, dass sich der Komponist im ersten Stück unter seinem Thema eine liebenswürdige	Zugleich hört er das dies irae mit seinem cantus firmus (eben der idée fixe), aber parodiert ... Wie unbeschreiblich	alles leer erscheint, weil sie fehlt.
versieht sich aber in der Dosierung und, statt zu sterben, hat er nun fürchterliche Visionen.	eklig mir dies ist, brauche ich nicht zu sagen ...	welche Glocken nachahmen sollen, zwei Harfen, vier große Trommeln, acht verschiedene Geigen,	eigenen Hinrichtung zugegen ist ... das fünfte heißt songe d'une nuit,
ein wirklich gebildeter, angenehmer Mensch ist und so unbegreiflich schlecht komponiert ...	„Nun solltet ihr aber Berlioz kennenlernen! Der macht mich förmlich traurig, weil er	Zwischen dem dritten und vierten Stück (fährt das Programm fort) vergiftet sich der Künstler mit Opium,	Das dritte heißt Scène aux champs; die Hirten spielen einen ranz de vaches
zwei verschiedene Kontrabässe, die Solopassagen machen ..." (Felix Mendelssohn Bartholdy, 1831)	Das vierte Stück ist eine solche Vision, wo er bei seiner	Episode de la vie d'un artiste heißt. Als sie gegeben wurde, ließ er eine Erklärung von 2000 Exemplaren drucken.	Er hat eine Sinfonie gemacht, die
wo er die Hexen auf dem Blocksberg tanzen sieht, seine Geliebte darunter.	junge Dame gedacht hat ... und dass seine Wut, Eifersucht, Zärtlichkeit und Tränen darin vorkommen.	(d.h. Kuhreigen), die Instrumente ahmen das Säuseln der Blätter nach (alles das steht im Programm) ...	Die Ausführung ist noch viel elender: vier Pauken, zwei Klaviere,

Puzzle fantastique

Lösung

„Nun solltet ihr aber Berlioz kennenlernen! Der macht mich förmlich traurig, weil er	ein wirklich gebildeter, angenehmer Mensch ist und so unbegreiflich schlecht komponiert ...	Er hat eine Sinfonie gemacht, die	Episode de la vie d'un artiste heißt. Als sie gegeben wurde, ließ er eine Erklärung von 2000 Exemplaren drucken.
Die besagte dann, dass sich der Komponist im ersten Stück unter seinem Thema eine liebenswürdige	junge Dame gedacht hat ... und dass seine Wut, Eifersucht, Zärtlichkeit und Tränen darin vorkommen.	Das zweite Stück ist ein Ball, wo ihm	alles leer erscheint, weil sie fehlt.
Das dritte heißt Scène aux champs; die Hirten spielen einen ranz de vaches	(d.h. Kuhreigen), die Instrumente ahmen das Säuseln der Blätter nach (alles das steht im Programm) ...	Zwischen dem dritten und vierten Stück (fährt das Programm fort) vergiftet sich der Künstler mit Opium,	versieht sich aber in der Dosierung und, statt zu sterben, hat er nun fürchterliche Visionen.
Das vierte Stück ist eine solche Vision, wo er bei seiner	eigenen Hinrichtung zugegen ist ... das fünfte heißt songe d'une nuit,	wo er die Hexen auf dem Blocksberg tanzen sieht, seine Geliebte darunter.	Zugleich hört er das dies irae mit seinem cantus firmus (eben der idée fixe), aber parodiert ... Wie unbeschreiblich
eklig mir dies ist, brauche ich nicht zu sagen ...	Die Ausführung ist noch viel elender: vier Pauken, zwei Klaviere,	welche Glocken nachahmen sollen, zwei Harfen, vier große Trommeln, acht verschiedene Geigen,	zwei verschiedene Kontrabässe, die Solopassagen machen ..." (Felix Mendelssohn Bartholdy, 1831)

Standbilder

Lehrerinfo

Thema: „La Traviata" (Giuseppe Verdi)

Ziel: Förderung der Interpretations-, Reflexions- und Urteilsfähigkeit sowie der Kreativität

Alter: 15–18 Jahre

Dauer: ca. 45 Minuten (mit vorheriger Analyse der Szene: 90 Minuten)

Teilnehmer: ganze Klasse in Gruppenarbeit

Material: Klavierauszug oder Partitur sowie eine Tonaufnahme von „La Traviata" (Beispielszene für Standbilder: 2. Akt, Nr. 8)

Beschreibung

Die Schüler bilden Kleingruppen. Jede beschäftigt sich jeweils mit der Szene und dem Duett zwischen Violetta Valéry und Giorgio Germont aus dem 2. Akt der Oper „La Traviata", indem sie der Frage nachgehen, in welchen „musikpsychologischen" Schritten Giorgio Germont die Mätresse Violetta überzeugt, ihren wahren Geliebten, seinen Sohn Alfredo, zu verlassen.

Jede Gruppe analysiert die Szene (Tempo, Dynamik, Melodieführung ...) und diskutiert anschließend die darzustellenden Konstellationen und Situationen. Jede Gruppe bestimmt einen Regisseur, der diese Vorstellungen bildlich umsetzt, indem er die übrigen Gruppenmitglieder zu einem „Bild" mit passender Positionierung, Körperhaltung, Gestik und Mimik „baut".

Je nach Lerngruppengröße können Violetta und Germont durch zwei oder mehrere Schüler dargestellt werden. Wenn zwei Schüler Violetta und Germont repräsentieren, verändern sie ihr Standbild je nach Duett-Situation. Bei mehreren Schülern übernimmt jedes „Paar" eine eigene Situation, sodass eine Art „Standbildreihe" entsteht, anhand derer die Zuschauer den Szenenverlauf verfolgen können.

Hat eine Gruppe die Standbilder gebaut, lassen die zuschauenden Mitschüler diese auf sich wirken, beschreiben und interpretieren die Bilder. Die bauende Gruppe gibt ihre Interpretation bekannt. Anschließend diskutiert die Klasse über die unterschiedlichen Sichtweisen.

Varianten

- Die Schauspieler eines Standbildes äußern sich während der Vorführung, wie sie sich gerade fühlen („inneres Libretto"). Es kann auch ein weiteres Gruppenmitglied hinter eine Person treten und in der Ich-Form aussprechen, was diese Person gerade denkt oder fühlt.
- Die Ergebnisse der Musikanalyse (Tempo, Dynamik, Melodieführung ...), die die Gruppe als Grundlage für ihre Interpretation genommen hat, werden ebenfalls im Standbild umgesetzt und vorgestellt.

- Die Klasse baut gemeinsam ein Standbild.
- Jede Gruppe beschäftigt sich mit einer anderen Situation im Duett, sodass erst durch das Zusammenfügen aller Standbilder die gesamte Szene deutlich wird.

Reflexion

Diskutieren Sie im Anschluss mit der Klasse folgende Fragen:

- Welche Darstellungsformen waren für euch leicht zu erraten?
  (Kreativität und Klarheit in der Grob- und Feinmotorik reflektieren)
- Inwiefern hat Germont das Recht, von Violetta eine Trennung zu verlangen?
  (Werturteile äußern, diskutieren und reflektieren sowie die Szene im Kontext der Oper und in ihrer Entstehungs- und Handlungszeit interpretieren)
- Inwiefern könnt ihr Violettas Nachgeben und ihren Wunsch, Alfredo nichts von dem Gespräch mit Germont zu erzählen, nachvollziehen?
  (Werturteile äußern, diskutieren und reflektieren sowie die Szene im Kontext der Oper und in ihrer Entstehungs- und Handlungszeit interpretieren)
- Du bist Regisseur und inszenierst die gesamte Oper „La Traviata".
  Wie würdest du diese Szene auf die Bühne bringen? Denke dabei an Kostüme, Bühnenbild, Licht und Personenführung.
  (kreative Umsetzung von Kontextwissen üben)
- Betrachtet verschiedene Inszenierungen dieser Szene im Internet. Welche sind eurer Meinung nach gut und welche weniger gut umgesetzt? Begründet eure Meinung!
  (Reflexions- und Urteilsfähigkeit fördern)

Beispiel

Im Folgenden stelle ich die groben musikpsychologischen „Etappen" der Szene vor.
Allegro moderato / „Pura sicomme un angelo Iddio mi diè una figlia"
Germont berichtet von seinem Plan: Violetta muss die Beziehung zu Alfredo lösen, damit seine Tochter heiraten kann. Violetta will sich nicht von Alfredo trennen.

Pause mit Fermate.

Vivacissimo / „Non sapete quale affetto vivo, immenso m'arda in petto?"
Violetta ist verzweifelt: Sie möchte lieber sterben als sich von Alfredo trennen zu müssen.

Pause mit Fermate.

Andante piuttosto mosso / „Bella voi siete e giovine, col tempo ..."
Germont zweifelt an Alfredos Liebe zu Violetta in dem Moment, in dem diese nicht mehr jung und schön aussehen würde. Er bittet Violetta, der Engel zu werden, der seine Familie rettet. Violettas Hoffnung, bei Alfredo bleiben zu können, schwindet.

Andantino / „Dite alla giovine si bella e pura"
Violetta ist bereit, das Opfer für Germonts Familie zu bringen. Germont tröstet sie.

Gefühlsreise des lyrischen Ichs

Lehrerinfo

Thema: „Winterreise" (Franz Schubert)

Ziel: Förderung der Interpretations-, Reflexions- und Urteilsfähigkeit

Alter: 15–18 Jahre

Dauer: ca. 45 Minuten

Teilnehmer: ganze Klasse (in Partner- und Einzelarbeit möglich)

Material: Liedtitel (Kopien oder als Folie)

Beschreibung

Zeigen Sie den Schülern – als Kopie oder für alle sichtbar auf Folie projiziert – zu Beginn der Unterrichtsreihe die Reihenfolge der Lieder der „Winterreise" inklusive Grundtonart und Grundtempo. Nun denken sie sich passend zu den drei angegebenen Vorgaben (Titel, Tonart, Tempo) Gefühlsstationen (Wo befindet sich das lyrische Ich? Was geschieht ihm? Wie fühlt es sich?) aus, die das lyrische Ich in den 24 Liedern erleben könnte, und verbinden sie zu einer Gefühlsreise, die sie als kurze Geschichte aufschreiben.
Anschließend lesen sie die ausgedachten Geschichten vor, vergleichen sie miteinander und notieren markante Gemeinsamkeiten (Tiefpunkt, Höhepunkt, Spannungsbögen, Motivkomplexe). In der folgenden Unterrichtsreihe werden diese dann über die Analyse und Interpretation der Lieder verifiziert.
Sobald sich die Unterrichtsreihe zur „Winterreise" dem Ende zuneigt, entwickeln die Schüler eine zweite Gefühlsreise für das lyrische Ich, die nun auf mehr Fakten basiert als die erste. Sie vergleichen die beiden Gefühlsreisen miteinander und reflektieren sie hinsichtlich der Fragestellung, was Titel, Tonart und Tempo über ein Lied verraten können. Durch die schriftliche Sicherung beider Fassungen wird die Nachvollziehbarkeit des Lernfortschritts unterstützt.

Variante

Die Schüler setzen die Gefühlsreise des lyrischen Ichs bildlich um, indem sie pro Lied ein Symbol oder ein Bild für den jeweiligen Gefühlszustand des lyrischen Ichs zeichnen.

Reflexion

Diskutieren Sie im Anschluss mit der Klasse folgende Fragen:

- Inwiefern ist die Gefühlsreise des lyrischen Ichs nachvollziehbar? (mögliche Probleme reflektieren)
- Welche Gefühlsstationen innerhalb der „Winterreise" sind für euch nicht klar bestimmbar gewesen? (eigene und fremde Interpretationen aus der Klasse und/ oder aus der Fachliteratur diskutieren)

- Wer oder was ist der Leiermann am Ende des Zyklus?
  (sinnvolle Konsequenzen aus dem Zyklusverlauf ziehen und sich eine eigene Meinung bilden)
- Vergleicht die beiden Gefühlsreisen: Was verraten Titel, Tonart und Tempo über ein Kunstlied?
  (musikalische Vortragsangaben reflektieren und die Lenkung des Zuhörers auf Grund des Liedtitels diskutieren)
- Welche Motivkomplexe der Romantik findet ihr im Liederzyklus wieder?
  (Epochenwissen mit einem konkreten Werk verknüpfen)

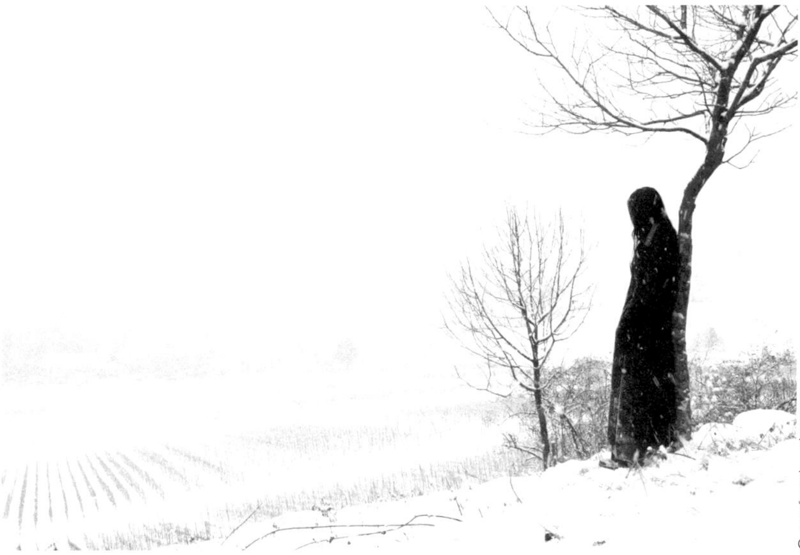

© grasfrosch – photocase

Beispiel

Das fünfte Lied, „Der Lindenbaum", wird von den Schülern oft bei beiden Geschichten als Ruhepunkt oder zumindest als Einschnitt wahrgenommen, da es sich um das erste Lied im Zyklus handelt, das in Dur geschrieben ist und das vom Tempo her einen Bogen zum ersten Lied schlägt, indem das mäßige Tempo wieder aufgenommen wird. Vielleicht kennen einige Schüler auch das pflanzliche Heilmittel Lindenblüte und verbinden den Liedtitel „Der Lindenbaum" mit einer heilenden, beruhigenden Wirkung.
Die innere Zerrissenheit des lyrischen Ichs zwischen dem gefühlten Zwang, wandern zu müssen, und der säuselnden Verlockung des Baumes, bei ihm die ersehnte Ruhe zu finden, kann allerdings erst nach einer eingehenden Musikanalyse festgestellt werden und findet sich damit auch meist erst in der zweiten Gefühlsreise wieder.

Gefühlsreise des lyrischen Ichs

Kopiervorlage

Liederzyklus „Winterreise" von Franz Schubert (1827)

TITEL	GRUNDTONART	TEMPO
1. Gute Nacht	d-Moll	mäßig
2. Die Wetterfahne	a-Moll	ziemlich geschwind
3. Gefrorne Tränen	f-Moll	nicht zu langsam
4. Erstarrung	c-Moll	ziemlich schnell
5. Der Lindenbaum	E-Dur	mäßig
6. Wasserflut	e-Moll	langsam
7. Auf dem Flusse	e-Moll	langsam
8. Rückblick	g-Moll	nicht zu geschwind
9. Irrlicht	h-Moll	langsam
10. Rast	c-Moll	mäßig
11. Frühlingstraum	A-Dur	etwas bewegt
12. Einsamkeit	h-Moll	langsam
13. Die Post	Es-Dur	etwas geschwind
14. Der greise Kopf	c-Moll	etwas langsam
15. Die Krähe	c-Moll	etwas langsam
16. Letzte Hoffnung	Es-Dur	nicht zu geschwind
17. Im Dorfe	D-Dur	etwas langsam
18. Der stürmische Morgen	d-Moll	ziemlich geschwind, doch kräftig
19. Täuschung	A-Dur	etwas geschwind
20. Der Wegweiser	g-Moll	mäßig
21. Das Wirtshaus	F-Dur	sehr langsam
22. Mut	g-Moll	ziemlich geschwind, kräftig
23. Die Nebensonnen	A-Dur	nicht zu langsam
24. Der Leiermann	a-Moll	etwas langsam

Musikalische Scharade

Lehrerinfo

Alter: 11–16 Jahre

Ziel: Förderung der Motorik und der Kreativität

Dauer: ca. 30 Minuten

Teilnehmer: ganze Klasse (aufgeteilt in zwei Gruppen)

Material: Begriffskarten (KV)

Beschreibung

Die Klasse teilt sich in zwei Gruppen auf. Ziel des Spieles ist es, einen dargestellten Begriff aus der Musik zu erraten und so Punkte für sein Team zu sammeln. Die Gruppe mit den meisten Punkten gewinnt.

Kopieren Sie die Karten auf stabilen Karton, schneiden Sie sie auseinander und legen sie auf einen Stapel. Im ersten Spielzug ziehen zwei Schüler einer Mannschaft aus dem Kartenstapel einen Begriff, der aus zwei Wortteilen zusammengesetzt ist. Die beiden Schüler stellen nun das Wort pantomimisch dar, wobei der eine nur die erste Hälfte des Wortes und der zweite Schüler nur die zweite Hälfte darstellen darf. Wer als Erstes aus der gesamten Klasse den dargestellten Begriff errät, bekommt einen Punkt für seine Gruppe. Ist der Begriff erraten, wechseln die Schauspieler, und zwei Schüler aus der anderen Mannschaft stellen das nächste Wort dar. Sobald die erste Gruppe wieder am Spielzug ist, kommen zwei neue Schüler aus der Gruppe nach vorn, sodass am Ende des Spieles jeder Schüler mindestens einmal einen Begriff dargestellt hat.

Varianten

- Die musikalische Scharade kann auf Zeit gespielt werden. Bei dieser Version des Spiels muss eine Gruppe in einer vorgegebenen Zeit (z.B. 2 Minuten) so viele Begriffe wie möglich erraten. Pro erratenem Begriff gibt es einen Punkt.
- Das Spiel kann ohne die vom Lehrer vorgegebenen Begriffskarten gespielt werden. Beide Mannschaften denken sich dann für die jeweils andere Mannschaft entsprechende Begriffe aus. Besonders schön ist an dieser Version, dass die Schüler beim Spiel der anderen Mannschaft mitfiebern, da sie ja wissen, welche Begriffe die aktiven Spieler des gegnerischen Teams darstellen müssen.

Reflexion

Diskutieren Sie im Anschluss mit der Klasse folgende Fragen:

- Waren euch alle Fachbegriffe bekannt? (mögliche Verständnisschwierigkeiten reflektieren)
- Welche Darstellungsformen waren für euch leicht zu erraten? (Kreativität und Klarheit in der Grob- und Feinmotorik reflektieren)

MUSIK

Musikalische Scharade

Kopiervorlage

Block – flöte

Streich – quartett

Blas – kapelle

Schlag – instrument

Klang – holz

Stimm – gabel

Rock – musik

Kunst – lied

Klingel – ton

Takt – stock

Orchester – graben

Mund – stück

Schön – berg

Mozart – kugel

Geigen – kasten

Trommel – fell

Ohr – wurm

Ton – leiter

General – pause

Schall – welle

Rohr – blatt

Noten – hals

© Verlag an der Ruhr | Autorin: Doris Engel | ISBN 978-3-8346-2329-4 | www.verlagruhr.de

Musikgeschichten-Tabu®

Lehrerinfo

Alter:	13–20 Jahre	**Dauer:**	ca. 45 Minuten
Ziel:	Festigung diverser musikgeschichtlicher Kenntnisse sowie Förderung der Sprachkompetenz	**Teilnehmer:**	ganze Klasse (aufgeteilt in zwei Gruppen)
		Material:	Tabu®-Karten (KV), Stoppuhr

Beschreibung

Die Klasse teilt sich in zwei Gruppen auf. Ziel des Spiels ist es, möglichst viele Begriffe zu erraten und so Punkte für sein Team zu sammeln. Jeder erratene Begriff gibt einen Punkt. Die Gruppe mit den meisten Punkten gewinnt.

Kopieren Sie die Karten auf stabilen Karton, schneiden Sie sie auseinander und legen sie auf einen Stapel. Im ersten Spielzug erklärt ein Schüler aus einer Mannschaft innerhalb einer vorgegebenen Zeit (z.B. eine Minute; das Zeitlimit zum Erklären und Raten kann je nach Lerngruppe variieren) so viele fett gedruckte Begriffe wie möglich von den vorgegebenen Karten, ohne dabei die Wörter zu benutzen, die unter dem zu ratenden Begriff stehen. Auch Einzelteile dieser „Tabuwörter" dürfen nicht genannt werden. Ein Spieler der nicht ratenden Gruppe schaut mit dem Erklärer gemeinsam in die Karte und passt auf, dass kein Tabuwort genannt wird. Wird doch eines gebraucht, so erhält das nicht ratende Team einen Punkt. Der Spieler der ratenden Mannschaft zieht die nächste Karte und erklärt weiter. Im nachfolgenden Spielzug werden die Rollen getauscht.

Die Schüler können die Punkte parallel zum Spiel auf der Tafel notieren.

Varianten

- Das Spiel kann ohne die vom Lehrer vorgegebenen Tabu®-Karten gespielt werden. Beide Mannschaften denken sich bei dieser Variante für das jeweils andere Team entsprechende Begriffe aus.
- Es kann auch jeder Schüler alleine 3–4 Tabu®-Karten anfertigen, die dann zu einem gemeinsamen Kartenstapel gemischt werden.

Reflexion

Diskutieren Sie im Anschluss mit der Klasse folgende Fragen:

- Welche Begriffe waren für euch leicht zu erraten?
  (Kreativität und Klarheit in der Ausdrucksfähigkeit reflektieren)
- Welche Tabuwörter kanntet ihr nicht? Erschließt euch aus dem Zusammenhang die Bedeutung der Tabuwörter.
  (Fachkenntnisse vertiefen, erweitern und vernetzen)

Musikgeschichten-Tabu®

Kopiervorlage 1/4

BACH	HAYDN	MOZART
Johann	Joseph	Wolfgang
Sebastian	Klassik	Amadeus
Barock	Die Schöpfung	Klassik
Weihnachtsoratorium	Hymne	Die Zauberflöte
Thomaskirche	Ungarn	Köchelverzeichnis

BEETHOVEN	SCHUMANN	SCHUBERT
Ludwig	Robert	Franz
Für Elise	Clara	Romantik
Sinfonie	Album für die Jugend	Kunstlied
Haare	Charakterstück	Die Winterreise
taub	Klavier	Die Unvollendete

CHOPIN	WAGNER	VERDI
Frédéric	Richard	Giuseppe
Warschau	Musikdrama	Italien
George Sand	Bayreuth	Belcanto
Nocturnes	Ring der Nibelungen	Oper
Klavier	unendliche Melodie	La Traviata

SCHÖNBERG	DEBUSSY	ORFF
Arnold	Claude	Carl
Zwölftonmusik	Impressionismus	Rhythmus
Pierrot Lunaire	Frankreich	Instrumente
Komponist	La Mer	Die Kluge
Dissonanz	Children's Corner	Carmina Burana

FUGE	SONATE	KANON
Imitation	Instrumente	Stimmen
Wiederholung	Solo	Einsatz
Thema	Klavier	singen
Bach	Satz	nacheinander
Komposition	Beethoven	Hejo, spann den Wagen an

ETÜDE	VIRTUOSE	SALONMUSIK
üben	schnell	Klavier
Czerny	perfekt	Gesang
Tonleiter	Fingerfertigkeit	Konzert
Geschicklichkeit	Paganini	Privat
Läufe	Liszt	Biedermeier

© Verlag an der Ruhr | Autorin: Doris Engel | ISBN 978-3-8346-2329-4 | www.verlagruhr.de

Musikgeschichten-Tabu®

Kopiervorlage 2/4

CHARAKTERSTÜCK	ORCHESTER	ROCKBAND
Romantik kurz Klavier Titel Kinderszenen	Instrumente Dirigent erste Geige Theater Konzert	Gitarre Bass Schlagzeug Gesang laut
NOCTURNE	**DIRIGENT**	**SNAREDRUM**
Chopin Nacht Serenade Klavier Liebestraum	Beruf Orchester Taktstock Frack Notenständer	Trommel Schlagzeug Band Militärmusik Effekt
KUNSTLIED	**KONZERTMEISTER**	**DEZIBEL**
Sänger Pianist Salonmusik Strophe Zyklus	eins Orchester wichtig Stimmführer Blickkontakt	Lautstärke Ohr Gehörschutz Akustik messen
MUSIKDRAMA	**ENSEMBLE**	**REFRAIN**
Wagner Bayreuth Gesamtkunstwerk Leitmotiv unendliche Melodie	klein Gruppe Musiker Streichquartett a capella	Wiederholung einprägsam Kehrvers Lied Popmusik
OPER	**CAN-CAN**	**PLAGIAT**
Musiktheater Bühne Sänger Geschichte Singspiel	Tanz Offenbach Karneval der Tiere Röcke Moulin Rouge	Urheberrecht Dieter Bohlen Schutz Diebstahl Melodie
PROGRAMMMUSIK	**MUSICAL**	**KOMPONIST**
Geschichte Titel Inhalt außermusikalisch Bilder einer Ausstellung	Broadway Gesang Tanz Schauspiel Cats	notieren Idee Musik Urheber erfinden

Musikgeschichten-Tabu®

Kopiervorlage 3/4

RENAISSANCE	NEOKLASSIZISMUS	DIE MOLDAU
16. Jahrhundert Epoche Polyphonie Humanismus Antike	20. Jahrhundert Vorbild neu Strawinsky Prokofjew	Fluss Smetana Stromschnellen Bauerntanz Prag
BAROCK	**ROCK'N'ROLL**	**DER KARNEVAL DER TIERE**
17. Jahrhundert Epoche Monteverdi Bach Affekte	1950er-Jahre Petticoat Elvis Bill Haley Jukebox	Saint-Saëns Karikatur Elefant Schildkröte Schwan
KLASSIK	**JAZZ**	**DER NUSSKNACKER**
18. Jahrhundert Epoche Wien Haydn Mozart	Louis Armstrong Saxophon New Orleans Dixieland Blue Notes	Ballett Tschaikowsky Clara Weihnachten E.T.A. Hoffmann
ROMANTIK	**NATIONALHYMNE**	**EINE KLEINE NACHTMUSIK**
19. Jahrhundert Industrialisierung Natur Liebe Sehnsucht	Deutschland Fußball Staat Einigkeit Haydn	Mozart Streichinstrumente Serenade bekannt Abend
EXPRESSIONISMUS	**KOMPILATION**	**MORGENSTIMMUNG**
20. Jahrhundert Schrei Dissonanz Atonalität ausdrücken	Filmmusik Kino Sammlung cue sheet Stummfilm	Peer-Gynt-Suite Edvard Grieg Sonnenaufgang Norwegen Werbung
IMPRESSIONISMUS	**JINGLE**	**DIE VIER JAHRESZEITEN**
20. Jahrhundert Monet Debussy Eindruck Farben	Melodie Erinnerung kurz Werbung funktionale Musik	Vivaldi Violinkonzert Frühling Sommer Winter

© Verlag an der Ruhr | Autorin: Doris Engel | ISBN 978-3-8346-2329-4 | www.verlagruhr.de

Musikgeschichten-Tabu®

Kopiervorlage 4/4

DIE SCHÖPFUNG	EDITH PIAF	WOODSTOCK
Oratorium Haydn Gott Licht sieben Tage	Chanson Paris La vie en rose Spatz Frau	Jimi Hendrix Hippie 1969 Flower-Power Konzert
STARLIGHT EXPRESS	**RAY CHARLES**	**JIMI HENDRIX**
Musical Bochum Andrew Lloyd Webber Rollschuhe Eisenbahn	Blues blind Sonnenbrille Klavier Hit the road, Jack	E-Gitarre Rockmusik Woodstock Effekte USA
COMEDIAN HARMONISTS	**BOB MARLEY**	**BOB DYLAN**
Berlin a capella Männer Kleiner, grüner Kaktus singen	Reggae Jamaika Rastafari Film Get up, stand up	Gitarre Mundharmonika Sänger Blowin' in the wind Folk
BEATLES	**ELTON JOHN**	**MICHAEL JACKSON**
John Lennon Paul McCartney Yesterday Pilzkopf London	Großbritannien Sänger Popmusik Sir Candle in the wind	King of Pop The Jackson Five Neverland-Ranch Moonwalk Thriller
QUEEN	**ABBA**	**MADONNA**
Freddie Mercury We will rock you Rockband britisch Kostüme	Schweden 1970er-Jahre Waterloo Mamma Mia Eurovision Song Contest	Ikone USA Like a virgin Sängerin Popmusik
THE ROLLING STONES	**RIHANNA**	**ROBBIE WILLIAMS**
Rockband 1960er-Jahre Mick Jagger Großbritannien I can't get no satisfaction	R & B Sängerin Chris Brown Grammy Award Unfaithful	Großbritannien Take That Boygroup Solist Angels

Der große Preis®: Musikalische Parameter

Lehrerinfo

Alter: 13–20 Jahre

Ziel: Festigung der Kenntnisse im Bereich musikalischer Parameter

Dauer: ca. 30 Minuten

Teilnehmer: ganze Klasse (aufgeteilt in fünf Gruppen)

Material: OHP und Spielfolie (KV, alternativ als Tafelanschrieb möglich), Frage-und-Antwort-Übersicht

Beschreibung

Die Klasse teilt sich in ca. fünf Gruppen auf. Sie versuchen, Fragen richtig zu beantworten und Punkte zu sammeln. Die Gruppe mit den meisten Punkten gewinnt.
Die Mannschaft, die beginnt, wählt ein Themenfeld und den Schwierigkeitsgrad der Frage von „20" (einfach) bis „100" (schwierig) aus. Der Spielleiter liest die Frage vor. Die Gruppe antwortet nach einer kurzen Beratung. Ist die Antwort richtig, bekommt die Gruppe die entsprechende Punktzahl. Nach Beantwortung der Frage ist die nächste Mannschaft am Zug. Bei Teilantworten oder Fehlern werden keine Punkte vergeben.
Das Spiel ist beendet, wenn alle Fragen gestellt worden sind.

Varianten

- Das Spiel kann auf Zeit gespielt werden. Bei dieser Variante muss eine Gruppe in einer vorgegebenen Zeit (z.B. 1 Minute) die Frage beantworten.
- Das Spiel kann ohne die vom Lehrer vorgegebenen Themenfelder und Fragen gespielt werden. Die Mannschaften denken sich bei dieser Variante für die anderen Gruppen Themenfelder mit passenden Fragen aus. Dieses Vorgehen eignet sich gut dafür, Musik im Kontext einer Epoche zu wiederholen – beispielsweise mit den Rubriken Komponist, Werk, Zeitgeschichte, Kunst und Literatur.

Reflexion

Diskutieren Sie im Anschluss mit der Klasse folgende Fragen:

- Fandet ihr es hilfreich, die musikalischen Parameter auf spielerische Art zu wiederholen?
  (eine neue Lernform reflektieren)
- Welche Fragen waren für euch schwierig zu beantworten?
  (den individuellen Wissensstand evaluieren und Konsequenzen ziehen)
- Lassen sich einige Antworten auch auf den Instrumenten demonstrieren? Probiert es aus!
  (Transferleistung zwischen Theorie und Praxis herstellen)

Der große Preis®: Musikalische Parameter

Themen- und Punktetabelle

MELODIK	RHYTHMIK	DYNAMIK	HARMONIK	INSTRUMENTATION
20	20	20	20	20
40	40	40	40	40
60	60	60	60	60
80	80	80	80	80
100	100	100	100	100

JOKER =
Das Team erhält die entsprechende Punktzahl, ohne eine Frage zu beantworten. *(2x im Spiel vorhanden)*

RISIKO =
Das Team muss einen Teil seiner Punkte auf die Beantwortung der Frage setzen. Bei richtiger Antwort wird die entsprechende Punktzahl hinzugezählt, bei falscher Antwort wird sie abgezogen. *(3x im Spiel vorhanden)*

Der große Preis®: Musikalische Parameter

Kopiervorlage 2/2

Frage-Antwort-Set für den Spielleiter

MELODIK	RHYTHMIK	DYNAMIK	HARMONIK	INSTRUMENTATION
20 Aus wie vielen Linien besteht in der Regel ein Notensystem? *5*	**20** Wie viele Viertelnoten passen in einen 3/4-Takt? *3*	**20** Wie lautet die Bezeichnung für „laut" in der Fachsprache? *forte*	**20** Wie lauten die Töne des C-Dur-Dreiklangs? *c – e – g*	**20** Zu welcher Instrumentengruppe zählt die Geige? *Streichinstrumente/ Saiteninstrumente*
40 Wie lautet der Ton, der zu c' eine Oktave tiefer liegt? *c*	**40 RISIKO** Eine punktierte Viertelnote hat den Wert von einer Viertelnote und einer ... *Achtelnote*	**40** Was bedeutet „pianissimo"? *sehr leise*	**40** Wie lauten die Töne des a-Moll-Dreiklangs? *a – c – e*	**40** Zu welcher Instrumentengruppe zählt die Oboe? *Holzblasinstrumente*
60 **JOKER**	**60** Welchen besonderen Namen hat ein unvollständiger Takt am Anfang eines Stückes? *Auftakt*	**60** Wie lautet in der Fachsprache die Bezeichnung für „leiser werden"? *Decrescendo/ Diminuendo*	**60 RISIKO** F-Dur ist die Tonika. Wie heißt die Dominante? *C-Dur*	**60** Ergänze die Reihenfolge von der hohen bis zur tiefen Lage: Sopran – Alt – ... – Bass. *Tenor*
80 Wie heißt in der Fachsprache der Abstand zwischen zwei nacheinander erklingenden Tönen? *Intervall*	**80** Wie lautet in der Fachsprache die Bezeichnung für „langsamer werden"? *Ritardando/ Ritenuto*	**80** **JOKER**	**80** A-Dur ist die Tonika. Wie heißt die Subdominante? *D-Dur*	**80 RISIKO** Wie heißt der klangverstärkende Hohlkörper eines Musikinstrumentes? *Resonanzkörper*
100 Wie lautet die Wiederholung eines musikalischen Motivs auf einer anderen Tonstufe? *Sequenz*	**100** Wie heißt ein Ruhezeichen in Form eines offenen Halbkreises und Punkt in der Mitte? *Fermate*	**100** Wie heißt der Fachbegriff, wenn zunächst laut und dann plötzlich leise gespielt wird? *fortepiano*	**100** Wie heißt die Mollparallele zu Es-Dur? *c-Moll*	**100** Wie heißt das Mundstück einer Blockflöte? *Schnabel*

Wer oder was bin ich?

Lehrerinfo

Alter: 14–20 Jahre

Ziel: Festigung der Kenntnisse zu Komponisten und ihren Werken

Dauer: beliebig bis zu 45 Minuten

Teilnehmer: ganze Klasse

Material: Zettel, Klebeband

Beschreibung

Das bekannte Fragespiel „Wer bin ich?" wird auf Komponisten und ihre Werke übertragen. Die Klasse kann das Spiel aufgeteilt in Gruppen (ca. 6 Personen) oder gemeinsam spielen. Jeder Mitspieler schreibt einen Komponisten oder den Titel eines Werkes auf einen Zettel und klebt ihn anschließend auf die Stirn eines Mitspielers, sodass dieser Mitspieler nicht lesen kann, was auf seinem Zettel steht. Wenn den Mitspielern das Kleben eines Zettels auf die Haut unangenehm ist, können sich auch alle Spieler an Tische setzen und ein Namensschild vor sich auf den Tisch stellen.

Im Ratespiel versucht der Spieler, mit so wenigen Fragen wie möglich herauszubekommen, wer oder was er ist, d.h. welcher Name oder welcher Titel auf seinem Zettel steht. Dafür muss er Fragen stellen, die mit „Ja" oder „Nein" zu beantworten sind. (Beispielsweise: „Komponiere ich Sinfonien?"). Wird eine Frage mit „Nein" beantwortet, so ist der nächste Spieler an der Reihe. Wird eine Frage mit „Ja" beantwortet, darf er weiterfragen.

Das Spiel ist zu Ende, wenn der erste Spieler erraten hat, wer er ist.

Varianten

- Das Spiel ist erst beendet, wenn alle Spieler erraten haben, wer sie sind. Um den Wettbewerbscharakter zu fördern, kann dann der Spieler gewinnen, der die wenigsten Fragen zum Erraten seines Zettels benötigt hat.
- Die Kategorien des Ratespiels können beliebig erweitert werden.
- Wenn „Wer oder was bin ich?" mit der gesamten Klasse gespielt wird, so sitzen immer 3–5 Schüler vorn, die erraten, wer oder was sie sind, während die restliche Lerngruppe gemeinsam auf die Ja-/Nein-Fragen antwortet.

Reflexion

Diskutieren Sie im Anschluss mit der Klasse folgende Fragen:

- Waren euch alle Komponisten und Werke bekannt? (mögliche Verständnisschwierigkeiten reflektieren)
- Welche Fragen führten schneller zum Ziel als andere? (Methoden der Rhetorik reflektieren)
- Fandet ihr es hilfreich, Komponisten und ihre Werke auf spielerische Art zu wiederholen bzw. neu kennenzulernen? (eine neue Lernform reflektieren)

Musik

Wer wird Musizionär?

Lehrerinfo

Alter: 16–20 Jahre

Ziel: Festigung diverser musikalischer Fachkenntnisse

Dauer: ca. 45 Minuten

Teilnehmer: ganze Klasse (aufgeteilt in vier Gruppen)

Material: Auswahlfragen und Quizfragen (KV, ggf. als Folie), leeres Papier

Beschreibung

Das Spiel wird auf Grundlage der bekannten Regeln der Fernsehshow „Wer wird Millionär?" gespielt. Der Lehrer kann die Fragen der Spielrunde vorlesen oder den Quizbogen auf Folie kopieren und projizieren.

Die Klasse teilt sich in vier Gruppen auf. Pro Team kommt ein Spieler nach vorn, um die Auswahlfrage zu lösen. Er schreibt die seiner Meinung nach richtige Reihenfolge der Antworten auf ein leeres Blatt Papier. Die Mannschaft des Spielers, der am schnellsten die richtige Lösung aufgeschrieben hat, darf die erste Spielrunde spielen.

Eine Spielrunde besteht aus 15 Fragen. Pro Fragerunde schickt die Gruppe jeweils ein Gruppenmitglied aus ihrem Team als Spieler nach vorn – natürlich bevor die Quizfrage gestellt wird. Die Spieler müssen sich so abwechseln, dass jeder mindestens einmal raten darf. Bei jeder richtigen Antwort steigt die Gruppe zur nächsten Frage auf, und der ratende Spieler wird ausgetauscht. Bei einer falschen Antwort ist das Spiel für die Gruppe beendet. Ihre Punktzahl fällt auf die Gewinnstufe 0, 500 oder 16000 zurück. Der Spieler darf in Rücksprache mit seiner Mannschaft, wenn er die Frage gelesen und noch keine Antwort gegeben hat, freiwillig aufhören – in diesem Fall erhält das Team die Punkte der zuvor korrekt gegebenen Antwort.

Darüber hinaus stehen jeder Mannschaft insgesamt drei Joker zur Verfügung:

- Beim **„50:50-Joker"** werden zwei falsche Antworten vom Lehrer genannt.
- Beim **„Publikumsjoker"** darf der Spieler der gesamten Klasse die vier Antwortmöglichkeiten vorlesen. Die Schüler heben ihren Arm bei der ihrer Meinung nach richtigen Antwort.
- Beim **„Expertenjoker"** darf sich der Spieler eine Person aus der Klasse (nicht den Lehrer) aussuchen, der ihm bei der Beantwortung der Frage hilft.

Wenn die erste Gruppe fertiggespielt hat, schicken die verbleibenden drei Teams erneut einen Spieler für die Auswahlfrage nach vorn. Dieser Prozess wiederholt sich so oft, bis jede Gruppe einmal an der Reihe gewesen ist.

Das Team mit den meisten Punkten gewinnt.

Varianten

- Dem ratenden Schüler wird ein zeitlicher Rahmen (ca. 1 Minute) vorgegeben, in dem er versuchen soll, die jeweilige Quizfrage zu lösen. Benötigt er mehr Zeit, wird die Antwort als falsch gewertet.
- Je nach Lehrplan und Lerngruppe können die Fragen selbstverständlich umgestellt und ihr Schwierigkeitsgrad der Lerngruppe angepasst werden.
- Nicht nur ein Spieler, sondern die gesamte Gruppe rät bei jeder Frage mit.
- Die Schüler entwickeln eigene „Wer wird Musizionär?"-Quizbögen zu bestimmten Unterrichtsreihen.

Reflexion

Diskutieren Sie im Anschluss mit der Klasse folgende Fragen:

- Fandet ihr es hilfreich, euer Fachwissen in Musik auf spielerische Art zu wiederholen? (eine neue Lernform reflektieren)
- Welche Fragen waren für euch schwierig zu beantworten? (den individuellen Wissensstand evaluieren und Konsequenzen ziehen)
- Sind euch während des Spiels Themenfelder, Werke oder Komponisten in den Sinn gekommen, über die ihr gerne noch mehr erfahren möchtet? (gemeinsam mit den Schülern weitere Unterrichtsinhalte planen)

Beispiel

Eine Gruppe hat die Frage für 32 000 Punkte richtig gelöst. Die Frage für 64 000 Punkte ist der Mannschaft zu schwierig. Wenn sich das Team entscheidet, zu diesem Zeitpunkt aufzuhören, erhält es 32 000 Punkte. Wenn das Team eine falsche Antwort gibt, fällt es zur letzten zurückliegenden Gewinnstufe zurück – in diesem Fall auf 16 000 Punkte.

Wer wird Musizionär?

Kopiervorlage 1/9

Auswahlfragen

1. Ordne die folgenden Notenwerte vom kürzesten bis zum längsten Notenwert!

A: halbe Note
B: Achtelnote
C: ganze Note
D: Viertelnote

2. Bringe die folgenden Silben in die richtige Reihenfolge!

A: QUIN
B: ZIR
C: TEN
D: KEL

3. Ordne die folgenden Tonnamen vom tiefsten bis zum höchsten Ton!

A: a'
B: b'
C: c'
D: d'

4. Ordne den folgenden Komponisten die passenden Vornamen zu! van Beethoven, Haydn, Mozart, Wagner

A: Richard
B: Joseph
C: Wolfgang Amadeus
D: Ludwig

Wer wird Musizionär?

Kopiervorlage 2/9

Quizfragen: Spielrunde 1, Blatt 1

50 — 50:50

Mit welchem Gegenstand wird eine Geige gespielt?

A: Pfeil **B:** Bogen
C: Pinsel **D:** Stift

100 — 50:50

Wie heißt das bekannte musikalische Märchen für Kinder von Sergej Prokofjew?

A: Peter und die sieben Geißlein
B: Peter und der Wolf
C: Hans und die goldene Gans
D: Hans und der Zauberer

200 — 50:50

Welches Instrument ist kein Holzblasinstrument?

A: Tuba **B:** Saxophon
C: Fagott **D:** Klarinette

300 — 50:50

Wer komponierte das Ballett „Schwanensee"?

A: P. Tschaikowsko **B:** P. Tschaikowska
C: P. Tschaikowku **D:** P. Tschaikowsky

500 — 50:50

Wie viele Vorzeichen hat die Tonart F-Dur?

A: 1 **B:** 2
C: 3 **D:** 4

1.000 — 50:50

Welche bekannte Straße bildet den Mittelpunkt des Theater- und Musicalviertels in New York?

A: 42nd Street **B:** 5th Avenue
C: Broadway **D:** Picadilly Circus

2.000 — 50:50

Zwischen welchen Stufen liegen die Halbtonschritte bei einer Dur-Tonleiter?

A: 1./2. Stufe und 5./6. Stufe
B: 2./3. Stufe und 6./7. Stufe
C: 3./4. Stufe und 7./8. Stufe
D: 4./5. Stufe und 8./9. Stufe

4.000 — 50:50

Welchen Beinamen erhielt Frank Sinatra?

A: the One **B:** the Singer
C: the Star **D:** the Voice

Wer wird Musizionär?

Kopiervorlage 3/9

Quizfragen: Spielrunde 1, Blatt 2

8.000 50:50

Bedrich Smetana stellt in „Die Moldau" den Verlauf des Flusses Moldau dar. Welche Stadt erreicht die Moldau am Ende seines Werkes?

A: Prag B: Budapest
C: Wien D: Dresden

16.000 50:50

Welcher Kontinent diente Antonin Dvorák als Inspiration für seine 9. Sinfonie, die den Namen „Aus der Neuen Welt" trägt?

A: Asien B: Amerika
C: Australien D: Afrika

32.000 50:50

Wie viele Takte umfasst das Standard-Bluesschema?

A: 4 Takte B: 8 Takte
C: 12 Takte D: 16 Takte

64.000 50:50

Wie heißen die zwei Halbsätze in einer Periode?

A: Vordersatz/Nachsatz
B: Vorsatz/Nachsatz
C: Vordersatz/Nachhersatz
D: Vorsatz/Nachhersatz

125.000 50:50

Der Akkord im 2. Takt der Einleitung zu Richard Wagners Musikdrama „Tristan und Isolde" ist wegen seiner Vieldeutigkeit in die Musikgeschichte eingegangen. Wie wird dieser Akkord genannt?

A: Wagner-Akkord B: Tristan-Akkord
C: Isolde-Akkord D: Einleitungs-Akkord

500.000 50:50

Welcher französische Komponist verwendete oft Vogelrufe in seinen Kompositionen?

A: Gustave Charpentier
B: Pierre Durand
C: Henri Rousseau
D: Olivier Messiaen

1.000.000 50:50

In welchem Jahr fand die Uraufführung von Ludwig van Beethovens 9. Sinfonie statt?

A: 1820 B: 1824
C: 1826 D: 1830

Wer wird Musizionär?

Quizfragen: Spielrunde 2, Blatt 1

50 50:50

Wie nennt man die Grundtonart eines Stückes?

A: Tunika B: Punika
C: Tonika D: Veronika

100 50:50

Welches der folgenden Instrumente ist ein Zupfinstrument?

A: Trompete B: Orgel
C: Pauke D: Harfe

200 50:50

Wie viele Instrumente spielen normalerweise in einem Quartett?

A: 2 B: 4
C: 6 D: 8

300 50:50

Wie heißt ein Intervall, das aus drei Halbtonschritten besteht?

A: kleine Sekunde B: große Sekunde
C: kleine Terz D: große Terz

500 50:50

Wie viele Vorzeichen hat die Tonart Es-Dur?

A: 1 B: 2
C: 3 D: 4

1.000 50:50

Wie lautet der Vorname der Ehefrau Wolfgang Amadeus Mozarts?

A: Diana B: Constanze
C: Margarete D: Karola

2.000 50:50

F-Dur ist die Tonika. Welche Funktion übernimmt dann d-Moll?

A: Tonikaparallele
B: Subdominantparallele
C: Dominantparallele
D: Doppeldominante

4.000 50:50

Welche Filmmusiktechnik vertont Bewegungsabläufe auf der Leinwand annähernd synchron?

A: Mickey Mousing
B: Walt Disneying
C: Trickfilming
D: Monty Pythoning

Wer wird Musizionär?

Kopiervorlage 5/9

Quizfragen: Spielrunde 2, Blatt 2

8.000 50:50

Die Strategie von Werbemusik folgt – wie auch die Werbung selbst – einem speziellen Werbewirkungsmodell, das denselben Namen wie eine Oper von Giuseppe Verdi trägt.

A: AROLDO **B:** AIDA
C: LUISA **D:** FALSTAFF

16.000 50:50

Wie hieß die Nationalhymne der Deutschen Demokratischen Republik?

A: Glück und Frieden
B: Phönix der Sonne
C: Starkes Deutschland
D: Auferstanden aus Ruinen

32.000 50:50

Welche berühmte Ballade von Johann Wolfgang von Goethe hat der französische Komponist Paul Dukas vertont?

A: Der Zauberlehrling **B:** Der Erlkönig
C: John Maynard **D:** An den Mond

64.000 50:50

Aus welchem Werk stammt die oft bearbeitete Moritat von Mackie Messer?

A: Das Piratentheater
B: Die Dreigroschenoper
C: Mack The Knife
D: Auf Messers Schneide

125.000 50:50

Wie wird der zu Beginn des 20. Jahrhunderts um Arnold Schönberg entstandene Komponistenkreis genannt?

A: Revidierte Wiener Schule
B: Zweite Wiener Schule
C: Fünfte Wiener Schule
D: Zwölfte Wiener Schule

500.000 50:50

Mit welchem Opernkomponisten arbeitete der Schriftsteller Hugo von Hofmannsthal eng zusammen?

A: Richard Strauss
B: Jacques Offenbach
C: Christoph Willibald Gluck
D: Max Reger

1.000.000 50:50

In welchem Jahr fand die Uraufführung von Claude Debussys sinfonischer Dichtung „La Mer" statt?

A: 1885 **B:** 1895
C: 1905 **D:** 1915

Wer wird Musizionär?

Quizfragen: Spielrunde 3, Blatt 1

50 50:50

Welches Instrument ist in fast jeder Band vorhanden?

A: Putzzeug **B:** Sportzeug
C: Schlagzeug **D:** Zeugnis

100 50:50

Welches Instrument ist kein Blechblasinstrument?

A: Horn **B:** Klarinette
C: Trompete **D:** Posaune

200 50:50

Wie wird die Artikulationsangabe staccato notiert?

A: Mit einem Punkt über oder unterhalb der Note.
B: Mit einem Punkt neben der Note.
C: Mit einem Strich über oder unterhalb der Note.
D: Mit einem Strich neben der Note.

300 50:50

Wie viele Vorzeichen hat die Tonart D-Dur?

A: 1 **B:** 2
C: 3 **D:** 4

500 50:50

Wie heißt das Werkverzeichnis, in dem die Kompositionen Wolfgang Amadeus Mozarts registriert sind?

A: Knöchelverzeichnis
B: Köchelverzeichnis
C: Röchelverzeichnis
D: Knochenverzeichnis

1.000 50:50

Bei welchem Fürsten war Joseph Haydn angestellt?

A: Esterházy **B:** Haseleck
C: Thurn und Taxis **C:** Tominusch

2.000 50:50

G-Dur ist die Tonika. Welche Funktion übernimmt dann a-Moll?

A: Dominante
B: Dominantparallele
C: Subdominantparallele
D: Subdominante

4.000 50:50

Wie nennt man die Orgel, die zur Begleitung von Stummfilmvorführungen gebaut worden ist?

A: Tonorgel **B:** Lichtorgel
C: Filmorgel **D:** Kinoorgel

Wer wird Musizionär?

Kopiervorlage 7/9

Quizfragen: Spielrunde 3, Blatt 2

8.000

50:50

In welcher Stadt wurde John Lennon (Beatles) erschossen?

A: New York B: Paris
C: London D: Tokio

16.000

50:50

Wofür steht die Abkürzung GEMA?

A: Gemeinschaft mehrerer Anfänger
B: Gesellschaft für musikalische Aufführungs- und mechanische Vervielfältigungsrechte
C: Gesellschaft für musikalische Verwertungs- und Aufführungsrechte
D: Gemeinschaft musikalischer Aufführungskunst

32.000

50:50

Wie wird die Zwölftonreihe genannt, die einer Zwölftonkomposition zu Grunde liegt?

A: Zwölfer Reihe B: Ausgangsreihe
C: Grundreihe D: Sechser Reihe

64.000

50:50

Welchen besonderen Namen trägt das Motiv der Geliebten in Hector Berlioz' „Symphonie fantastique"?

A: Thème d'amour B: Coup de foudre
C: Idée fixe D: Moment musical

125.000

50:50

Welches Lied machte die deutsche Sängerin Lale Andersen im 20. Jahrhundert bekannt?

A: Lili Marleen
B: Wochenend und Sonnenschein
C: Tag und Nacht
D: Der alte Cowboy

500.000

50:50

Wie lauten die einzelnen Operntitel in Karlheinz Stockhausens Zyklus „Licht"?

A: Rot, Grün, Gelb, Blau, Weiß, Schwarz.
B: Morgen, Mittag, Nachmittag, Abend, Nacht.
C: Eins, Zwei, Drei, Vier, Fünf.
D: Montag, Dienstag, Mittwoch, Donnerstag, Freitag, Samstag, Sonntag.

1.000.000

50:50

Wann fand die Uraufführung von Georg Friedrich Händels Feuerwerksmusik statt?

A: 1689 B: 1709
C: 1729 D: 1749

© Verlag an der Ruhr | Autorin: Doris Engel | Icons: Michael Schulz | ISBN 978-3-8346-2329-4 | www.verlagruhr.de

Wer wird Musizionär?

Kopiervorlage 8/9

Quizfragen: Spielrunde 4, Blatt 1

50 50:50

Ein Klavier hat viele weiße und schwarze ...

A: Tasten B: Tassen
C: Tatzen D: Katzen

100 50:50

Welches Instrument ist kein Streichinstrument?

A: Violoncello B: Kontrabass
C: Panflöte D: Violine

200 50:50

Was bedeutet crescendo?

A: schneller werden
B: langsamer werden
C: leiser werden
D: lauter werden

300 50:50

Mit welchem Instrument wurde Louis Armstrong weltberühmt?

A: Trompete B: Posaune
C: Klavier D: Gitarre

500 50:50

Welche beiden Bezeichnungen sind identisch?

A: Violinschlüssel & F-Schlüssel
B: Violinschlüssel & A-Schlüssel
C: Bassschlüssel & F-Schlüssel
D: Bassschlüssel & A-Schlüssel

1.000 50:50

Für welche Musikrichtung steht die Abkürzung NDW?

A: Neue Deutsche Wende
B: Neue Deutsche Welle
C: Neue Deutsche Wunder
D: Neue Deutsche Wünsche

2.000 50:50

Wie viele Vorzeichen hat die Tonart E-Dur?

A: 1 B: 2
C: 3 D: 4

4.000 50:50

In welcher Stadt war Johann Sebastian Bach als Thomaskantor tätig?

A: Leipzig B: Weimar
C: München D: Hamburg

Wer wird Musizionär?

Kopiervorlage 9/9

Quizfragen: Spielrunde 4, Blatt 2

8.000

50:50

In welchem Song wird die Marseillaise als Einleitung zitiert?

A: I Can't Get No Satisfaction
B: Wind Of Change
C: All You Need Is Love
D: A Kind Of Magic

16.000

50:50

Welche Bezeichnung hat die Kompositionstechnik, bei der die Töne eines Themas in umgekehrter Folge gespielt werden?

A: Fisch **B:** Krebs
B: Skorpion **D:** Schütze

32.000

50:50

Wie viele Jahre nach dem Tod des Urhebers erlischt das Urheberrecht?

A: nach 50 Jahren **B:** nach 60 Jahren
C: nach 70 Jahren **D:** nach 80 Jahren

64.000

50:50

Welcher Musiker und Kabarettist stellte bei seinem Lied „Der Musikkritiker" die Unmusikalität von Rezensenten satirisch dar?

A: Georg Kreisler **B:** Hanns Eisler
C: Kurt Weill **D:** Topsy Krüger

125.000

50:50

Wie wird die Gruppe im 19. Jahrhundert rund um die russischen Komponisten Balakirew, Borodin, Cui, Mussorgsky und Rimsky-Korskow genannt?

A: Neues Glück **B:** Starkes Grüppchen
C: Eiserne Fäuste **D:** Mächtiges Häuflein

500.000

50:50

Welchen Namen trägt ein berühmtes Stück von John Cage?

A: 2 Minuten 41 **B:** 3 Minuten 55
C: 4 Minuten 33 **D:** 5 Minuten 12

1.000.000

50:50

Bis zu welcher Nummer reicht Wolfgang Amadeus Mozarts Werkverzeichnis?

A: 525 **B:** 626
C: 727 **D:** 828

Wer wird Musizionär?

Lösungen

Auswahlfragen „Wer wird Musizionär?"

1) B – D – A – C

2) A –C – B – D

3) C – D – A – B

4) D – B – C – A

Antworten auf die Quizfragen der Spielrunden

	1. SPIELRUNDE	2. SPIELRUNDE	3. SPIELRUNDE	4. SPIELRUNDE
50	**B:** Bogen	**C:** Tonika	**C:** Schlagzeug	**A:** Tasten
100	**B:** Peter und der Wolf	**D:** Harfe	**B:** Klarinette	**C:** Panflöte
200	**A:** Tuba	**B:** 4	**A:** Mit einem Punkt über- oder unterhalb der Note.	**D:** lauter werden
300	**D:** P. Tschaikowsky	**C:** kleine Terz	**B:** 2	**A:** Trompete
500	**A:** 1	**C:** 3	**B:** Köchelverzeichnis	**C:** Bassschlüssel & F-Schlüssel
1.000	**C:** Broadway	**B:** Constanze	**A:** Esterházy	**B:** Neue Deutsche Welle
2.000	**C:** 3./4. Stufe und 7./8. Stufe	**A:** Tonikaparallele	**C:** Subdominant-parallele	**D:** 4
4.000	**D:** the Voice	**A:** Mickey Mousing	**D:** Kinoorgel	**A:** Leipzig
8.000	**A:** Prag	**B:** AIDA (Attention, Interest, Desire, Action)	**A:** New York	**C:** All You Need Is Love
16.000	**B:** Amerika	**D:** Auferstanden aus Ruinen	**B:** Gesellschaft für musikalische Aufführungs- und mechanische Vervielfältigungsrechte	**B:** Krebs
32.000	**C:** 12 Takte	**A:** Der Zauberlehrling	**C:** Grundreihe	**C:** nach 70 Jahren
64.000	**A:** Vordersatz/ Nachsatz	**B:** Die Dreigroschen-oper	**C:** Idée fixe	**A:** Georg Kreisler
125.000	**B:** Tristan-Akkord	**B:** Zweite Wiener Schule	**A:** Lili Marleen	**D:** Mächtiges Häuflein
500.000	**D:** Olivier Messiaen	**A:** Richard Strauss	**D:** Montag, Dienstag, Mittwoch, Donnerstag, Freitag, Samstag, Sonntag	**C:** 4 Minuten 33
1.000.000	**B:** 1824	**C:** 1905	**D:** 1749	**B:** 626

Komponist, Werk, Interpret

Lehrerinfo

Thema: Allgemeine Musikkenntnisse

Ziel: Festigung allgemeiner Musikkenntnisse

Alter: 16–20 Jahre

Dauer: ca. 15 Minuten

Teilnehmer: ganze Klasse

Material: „Komponist, Werk, Interpret" (KV)

Beschreibung

„Komponist, Werk, Interpret" wird wie das bekannte Spiel „Stadt, Land, Fluss" durchgeführt. Es gibt dazu folgende Kategorien:

- Komponist (Vor- oder Nachname)
- Werk (zu dem allgemeinen Begriff „Werk" zählen beispielsweise Sinfonien, Musicals und Popsongs)
- Interpret (Vor- oder Nachname, Gruppe oder Künstlername)
- Instrument (in dieser Kategorie ist auch die Nennung von Teilen eines Instruments möglich, z.B. „Mundstück")
- Musiktheorie (in diese Kategorie zählen alle musiktheoretischen Fachwörter, z.B. aus den Bereichen Form, Tempo, Dynamik)
- aus dem Unterricht (ein beliebiger, zum derzeitigen Musikunterricht thematisch passender Begriff)

Alle Schüler benötigen einen Stift und bekommen ein Blatt „Komponist, Werk, Interpret" (Kopiervorlage) ausgeteilt. Ein Schüler zählt das Alphabet von A bis Z im Kopf auf. Ist er bei Z angekommen, beginnt er wieder bei A, wobei er dann den Buchstaben A laut nennen muss. Ein weiterer Schüler sagt irgendwann „Stopp". Daraufhin nennt der aufzählende Schüler den Buchstaben, den er zuletzt im Kopf gesagt hat, laut. Nun schreiben alle Schüler leise und so schnell wie möglich Wörter, die mit diesem Buchstaben beginnen, in den entsprechenden Kategorien auf. Derjenige, der zuerst alle Begriffe geschrieben hat, ruft „Stopp". In diesem Moment müssen alle Schüler aufhören, zu schreiben.
Mit der Kopiervorlage können insgesamt acht Runden gespielt werden (ein Beispieldurchlauf mit dem Buchstaben „M" ist vorgegeben).

Komponist, Werk, Interpret

Die Lösungen werden vorgelesen und verglichen. Die Punkte für die notierten Begriffe werden dann wie folgt verteilt:

- 20 Punkte, wenn ein Schüler in dieser Kategorie als einzige Person der Klasse ein Lösungswort gewusst hat.
- 10 Punkte, wenn ein Schüler in dieser Kategorie ein Lösungswort aufgeschrieben hat, das kein anderer der Klasse gefunden hat.
- 5 Punkte, wenn ein Schüler in dieser Kategorie ein Lösungswort aufgeschrieben hat, das eine oder mehrere Personen der Klasse gefunden hat/haben.
- 0 Punkte, wenn der Schüler in dieser Kategorie kein Lösungswort gefunden hat oder seine Lösung falsch ist.

Am Ende des gesamten Spiels werden die pro Runde erlangten Punkte zusammengezählt. Der Schüler mit den meisten Punkten gewinnt.

Varianten

- Die Schüler denken sich weitere Kategorien aus.
- Schwierige Anfangsbuchstaben, wie „Y", dürfen ausgelassen werden.

Reflexion

Diskutieren Sie im Anschluss mit der Klasse folgende Fragen:

- Fandet ihr es hilfreich, allgemeine Musikkenntnisse und Themen aus der derzeitigen Unterrichtsreihe auf spielerische Art zu wiederholen?
  (eine neue Lernform reflektieren)
- Fallen euch weitere Übungsmöglichkeiten für allgemeine Musikkenntnisse ein?
  (gemeinsam neue Lernformen entwickeln und Kreativität fördern)

Komponist, Werk, Interpret

Kopiervorlage

RUNDE	KOMPONIST (Vor- oder Nachname)	WERK (Zu dem allgemeinen Begriff „Werk“ zählen u.a. Sinfonien, Musicals und Popsongs)	INTERPRET (Vor- oder Nachname, Gruppe oder Künstlername)	INSTRUMENT (in dieser Kategorie ist auch die Nennung von Teilen eines Instruments möglich – z.B. „Mundstück“)	MUSIKTHEORIE (in diese Kategorie zählen alle musiktheoretischen Fachwörter, z.B. aus den Bereichen Form, Tempo, Dynamik)	AUS DEM UNTERRICHT (ein beliebiger, zum derzeitigen Musikunterricht thematisch passender Begriff)	PUNKTE
Beispiel	Mozart	Moldau	Madonna	Mundharmonika	Modulation	Mickey Mousing	
1							
2							
3							
4							
5							
6							
7							
8							
						GESAMTPUNKTZAHL	

© Verlag an der Ruhr | Autorin: Doris Engel | ISBN 978-3-8346-2329-4 | www.verlagruhr.de

Medientipps

Literatur

Brenner, Gerd; Brenner, Kira:
Fundgrube Methoden – Für alle Fächer
Cornelsen, 2013
ISBN 978-3-589-23299-4

Buschendorff, Florian:
200 Methoden für den Musikunterricht
Praxisorientierte Ideen
für die Sekundarstufe
Verlag an der Ruhr, 2010
ISBN 978-3-8346-0639-6

Buschendorff, Florian:
100 Methoden für den Musikunterricht
Weitere praxisorientierte Ideen
für die Sekundarstufe
Verlag an der Ruhr, 2012
ISBN 978-3-8346-0963-2

Buske, Doris:
Tonight!
Musiktheaterprojekte an Schulen umsetzen
Verlag an der Ruhr, 2011
ISBN 978-3-8346-0806-2

Heukäufer, Norbert:
Musik-Methodik
Handbuch für die Sekundarstufe I und II
Cornelsen, 2007
ISBN 978-3-589-22368-8

Jank, Werner (Hrsg.):
Musik-Didaktik
Praxishandbuch für die Sekundarstufe I
und II
Cornelsen, 2005
ISBN 978-3-589-22050-2

Junge, Wolfgang; Grohé, Micaëla;
Müller, Karin:
Musik-Spiele
99 Spiele rund um den Musikunterricht
Helbling, 2010
ISBN 978-3-86227-058-3

Klee, Tobias:
BUMM! KLACK! TSCH! –
Rhythmus kreativ
Methoden und Praxisübungen
zum Musizieren mit Alltagsgegenständen
Verlag an der Ruhr, 2009
ISBN 978-3-8346-0491-0

Mittelstädt, Holger:
Fundgrube Musik
Cornelsen, 2012
ISBN 978-3-589-22466-1

Wanker, Gerhard; Holzapfel, Nikolaus;
Gritsch, Bernhard:
Das große Musikquiz mit Quizmaker
Einzelplatz- und Netzwerkversion möglich
CD-ROM
Helbling, 2007
ISBN 978-3-85061-367-5

Medientipps

Links

www.musikwissenschaften.de
(spielerische Übungen zum musiktheoretischen Grundwissen, beispielsweise in Form von Intervall-training)

www.musica.at/musiklehre
(Ratespiele und Übungen zur Notenlehre, wie beispielsweise Musikquiz, Kreuzworträtsel und Puzzle in unterschiedlichen Schwierigkeitsgraden)

http://wiki.zum.de/Spiele_im_Musikunterricht
(Anleitung zu mehreren kurzen Spielen für den Musikunterricht)

Weitere Informationen und Blick ins Buch unter **www.verlagruhr.de**

Verlag an der Ruhr

Keiner darf zurückbleiben

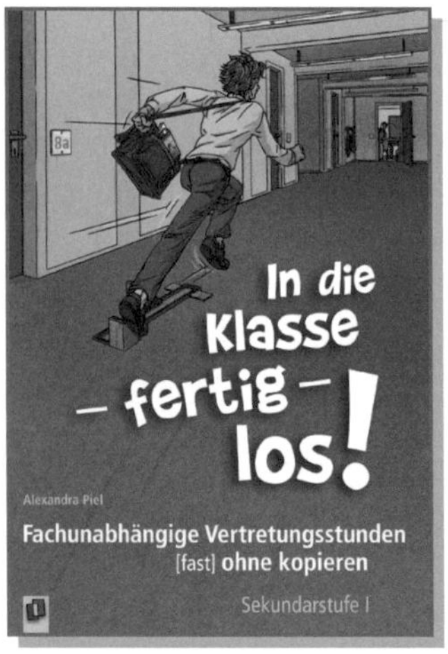

In die Klasse – fertig – los!

Fachunabhängige Vertretungsstunden (fast) ohne kopieren. Sekundarstufe I

Klasse 5–10, 112 S., A4, Paperback
Best.-Nr. 978-3-8346-2933-3

- Fächerunabhängige Ideensammlung für den Vertretungsunterricht
- Spontane Vertretungsstunden sinnvoll gestalten
- (Fast) alle Anregungen zum Sofort-Loslegen, ohne Kopieren

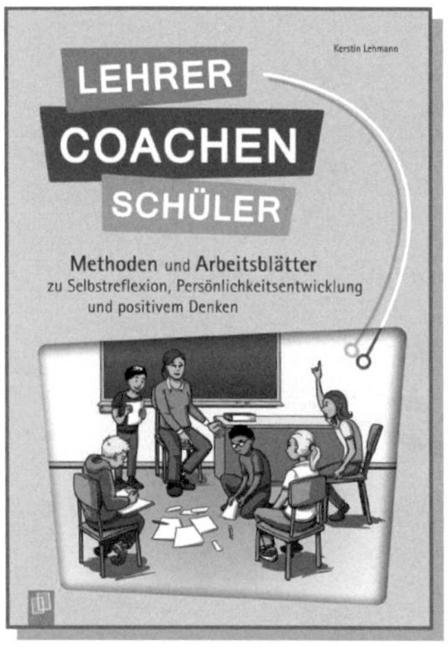

Lehrer coachen Schüler

Methoden und Arbeitsblätter zu Selbstreflexion, Persönlichkeitsentwicklung und positivem Denken

Klasse 5–10, 88 S., A4, Paperback
Best.-Nr. 978-3-8346-2752-0

- So werden Sie als Lehrer zum Coach – eine konkrete Anleitung
- Bewährte Methoden speziell auf Schule und Unterricht zugeschnitten
- Ausführliche Erläuterung mit Beispielen zum Unterrichtseinsatz

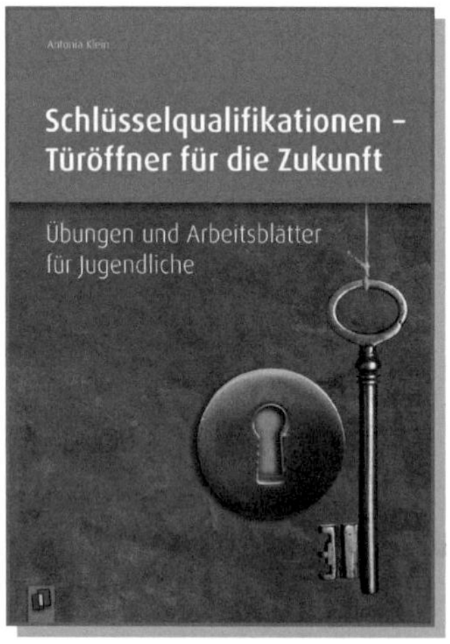

Schlüsselqualifikationen – Türöffner für die Zukunft

Übungen und Arbeitsblätter für Jugendliche

Klasse 5–10, 152 S., A4, Paperback
Best.-Nr. 978-3-8346-2780-3

- Das große Handbuch: Schlüsselqualifikationen von A bis Z
- Als Unterrichtseinheit oder einzeln einsetzbar
- Für die ganze Klasse oder als Coaching für einzelne Schüler

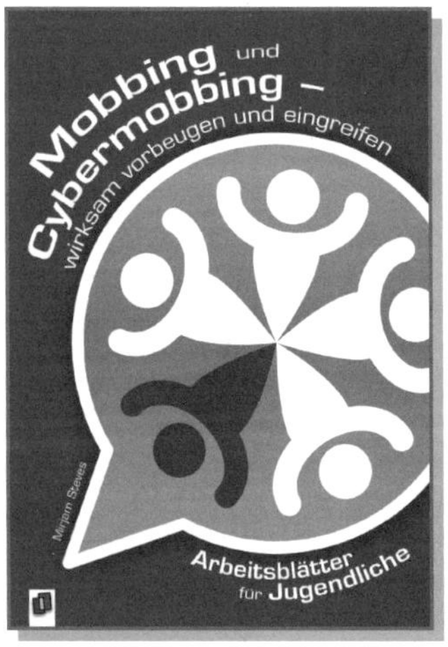

Mobbing und Cybermobbing

wirksam vorbeugen und eingreifen Arbeitsblätter für Jugendliche

Klasse 5–10, 116 S., A4, Paperback
Best.-Nr. 978-3-8346-2932-6

- Fertige Unterrichtsmaterialien rund um Mobbing und Cybermobbing
- Vielfältige Arbeitsblätter zu allen wichtigen Aspekten
- Inklusive der Themen „sexting" und „happy slapping"
- Mit handlungsorientierten und kooperativen Methoden

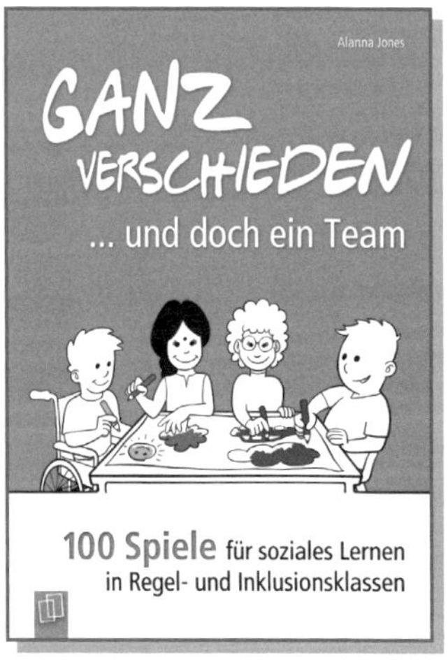

Ganz verschieden ... und doch ein Team

100 Spiele für soziales Lernen in Regel- und Inklusionsklassen

9–19 Jahre, 248 S., 16 x 23 cm, Paperback
Best.-Nr. 978-3-8346-2287-7

- Bunte Mischung von praxiserprobten Spielen mit hohem Spaßfaktor zum sozialen Lernen
- Für alle Bereiche des sozialen Lernens
- Unaufwändige Spiele für alle Gruppen, Persönlichkeiten und Situationen
- Für inklusive Gruppen geeignet

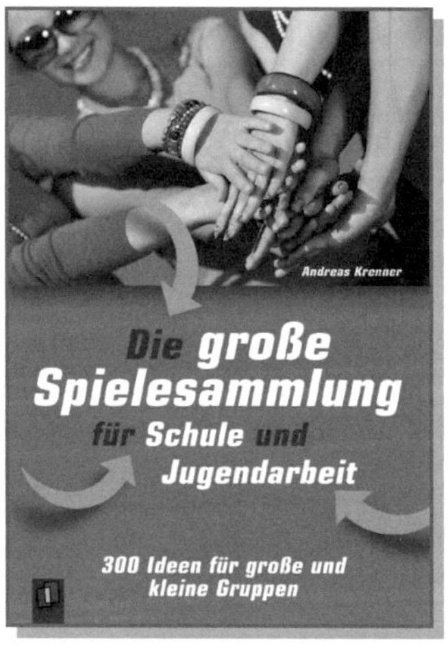

Die große Spielesammlung für Schule und Jugendarbeit

300 Ideen für große und kleine Gruppen

Klasse 1–13, 248 S., 17 x 24 cm, Paperback
Best.-Nr. 978-3-8346-2634-9

- Riesiger Spiele-Fundus für jede Gruppengröße und alle Altersstufen
- Für jede Gelegenheit das richtige Spiel – in Schule und Jugendarbeit
- Schnelle Auswahl durch Auflistung, sowohl nach Spielekategorien als auch alphabetisch

Mehr Informationen unter: www.verlagruhr.de Jetzt portofrei online bestellen!*

*gilt für alle Internetbestellungen innerhalb Deutschlands